膝を痛めない、疲れない

Q&Aでわかる 山の快適歩行術

野中径隆

山と溪谷社

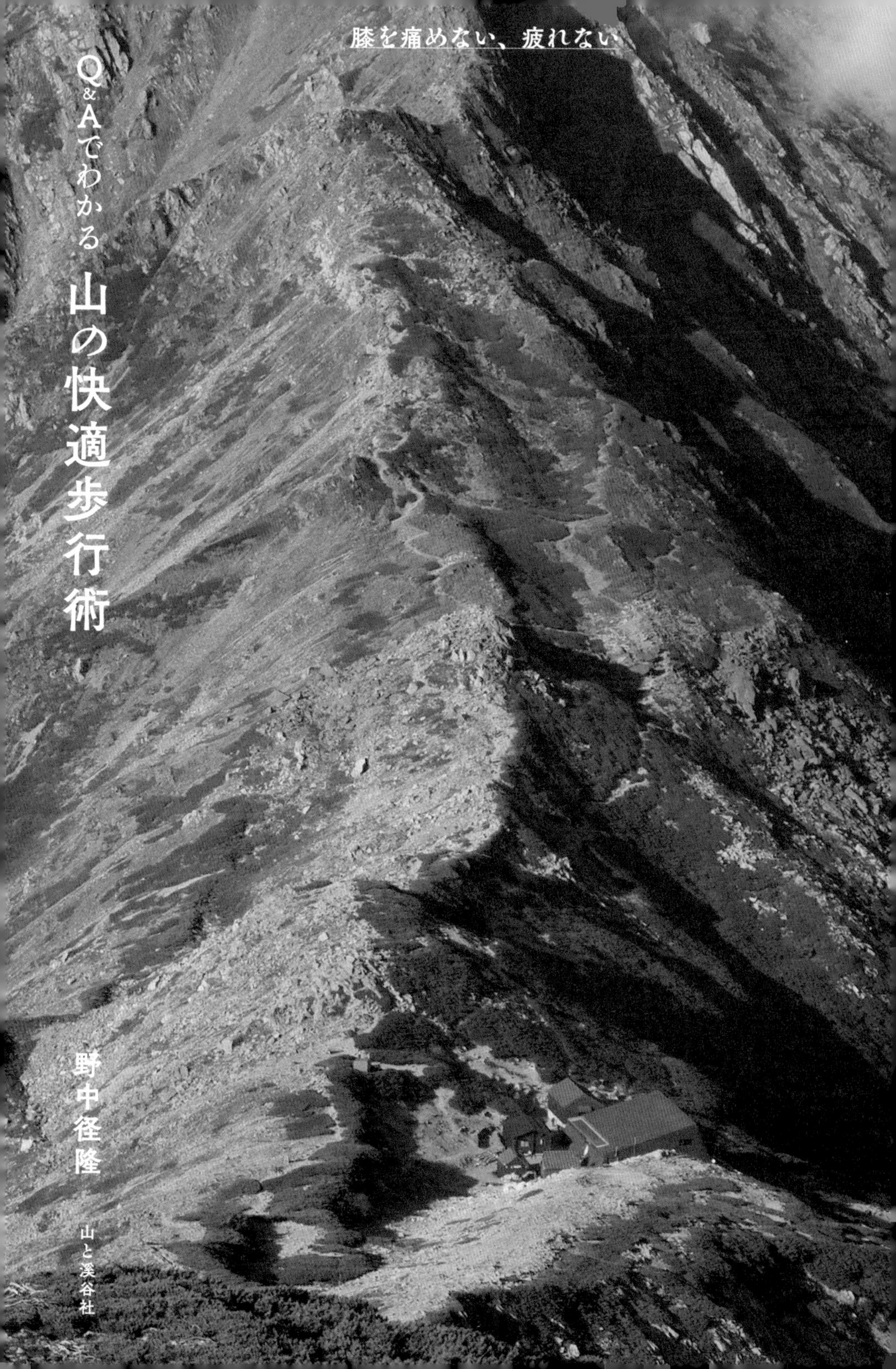

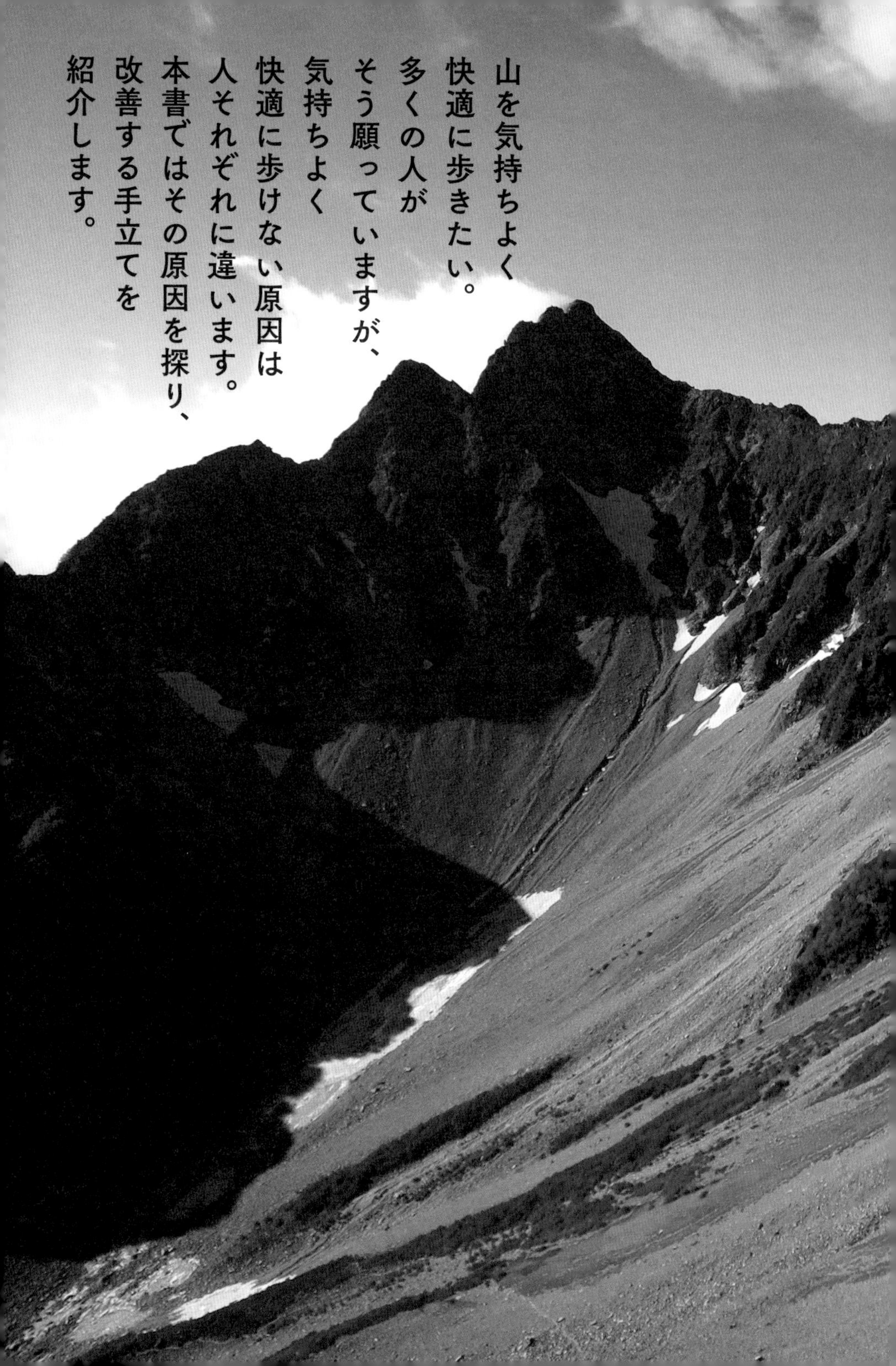

山を気持ちよく
快適に歩きたい。
多くの人が
そう願っていますが、
気持ちよく
快適に歩けない原因は
人それぞれに違います。
本書ではその原因を探り、
改善する手立てを
紹介します。

12のチェックで体の癖を見つけよう

膝が痛い、すぐ疲れる、腰が痛い、下りが苦手など、
多くの登山者は山を歩くときにトラブルや悩みを抱えています。
そうしたトラブルを引き起こしている原因を見つける、12のチェックを用意しました。
このチェックは室内で動きやすい服装、裸足で行ってください
（蹴り足チェックと腰引けチェックは登山道でチェックしてください）。
室内で自分の姿勢をチェックするには鏡の前で行うか、
スマートフォンなどのカメラで撮影するか、ご家族などに確認してもらってください。

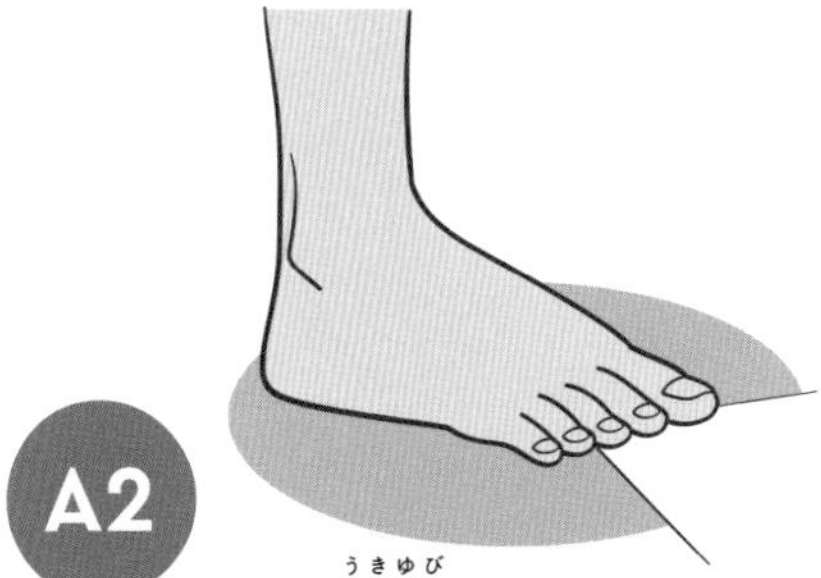

浮趾《うきゆび》チェック

はだしでまっすぐ立ち、他の人に足趾と床面の間へ紙を差し込んでもらいます。紙が入る隙間はありますか？　無抵抗に趾の下に入った場合は浮趾です。部分的に趾の下に入る空間があった場合は足趾の力が弱いことが懸念されます。

紙が指の下に入ったら→ ☐

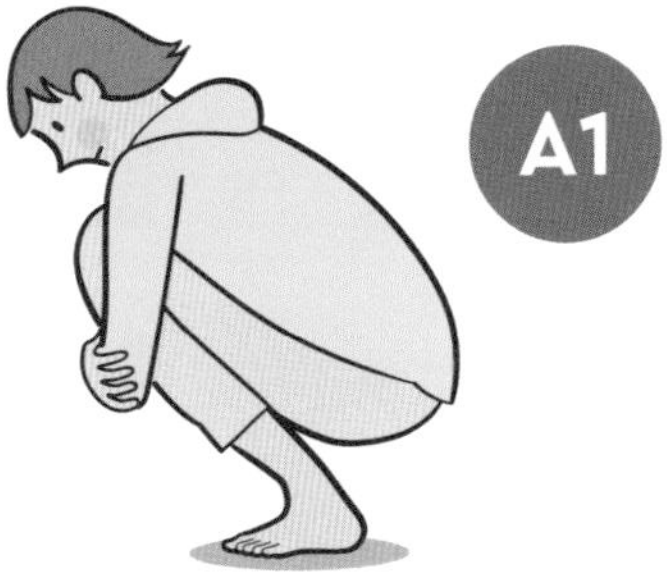

しゃがみこみチェック

両足をそろえ、足裏をすべてつけてしゃがみます。しゃがんだときにもも裏とふくらはぎをつけ、膝を抱えてしゃがめますか？　完全にしゃがめない人、膝を抱えられない人は足関節の柔軟性が不足しています。

しゃがめなかったら → ☐

蹴り足チェック

登山中に後ろ足で蹴った拍子に足元をずるっと滑らせることがありませんか？　雪道以外でこのように脚を滑らせることが登山中に毎回、一度は起きる人は蹴り足に依存した歩き方になっています。

毎回のように滑ることがあれば→ ☐

2ステップチェック

平らな地面で大股で左右1歩ずつ（計2歩）歩いたとき、どれぐらい進めますか？　自分の身長（cm）の1.5倍以上進めていれば股関節は柔軟です。身長160㎝の人は240㎝、身長170㎝の人は255㎝進めないときは、股関節の柔軟性が不足しています。

2ステップ値が身長の1.5倍未満なら → ☐

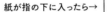

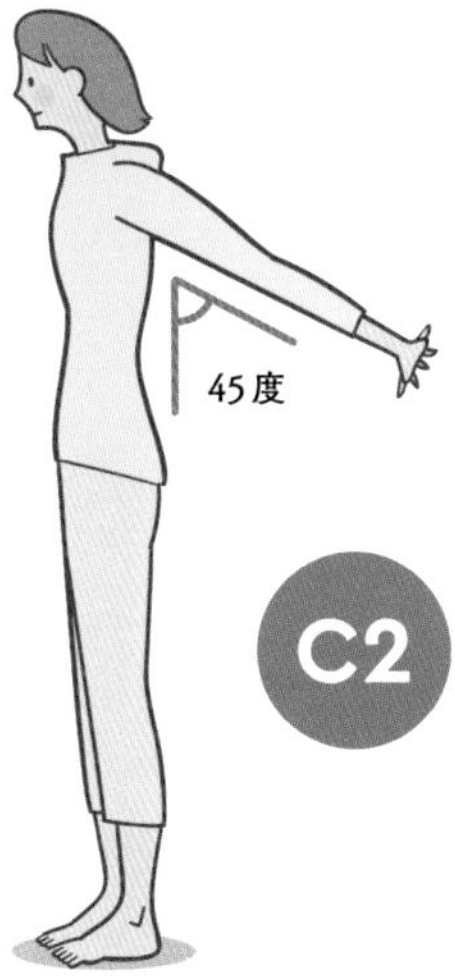

大胸筋の柔軟性チェック

直立姿勢で後ろで手を組み、ひじを伸ばしたまま、どこまで腕を上げられますか？　腕が45度以上上がる場合は問題ありませんが、それ以下の場合、肩回りの関節が硬く、巻き肩になっている可能性が高いです。

腕の上がり具合が45度未満の場合は →

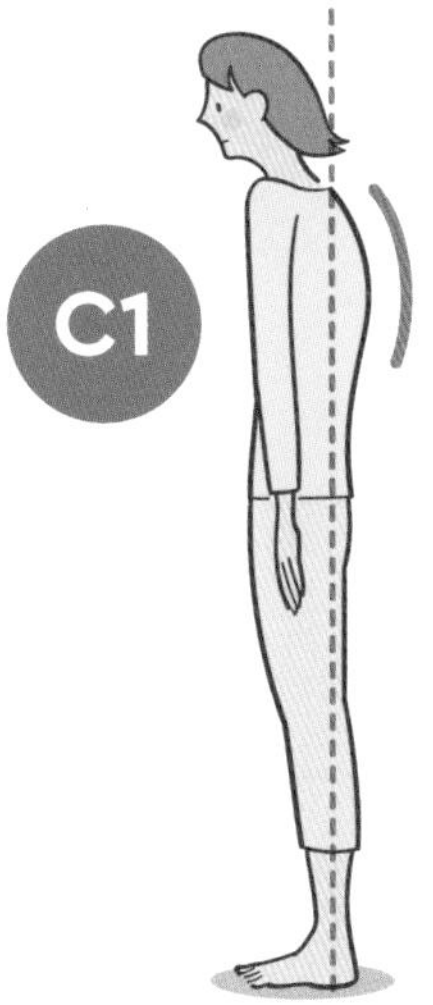

猫背チェック

普段の生活で立っている時や座っている時に猫背になっていませんか？　猫背が癖になっていると、登山中に疲労して、余計に姿勢が崩れやすい状態が起こります。

猫背癖があれば →

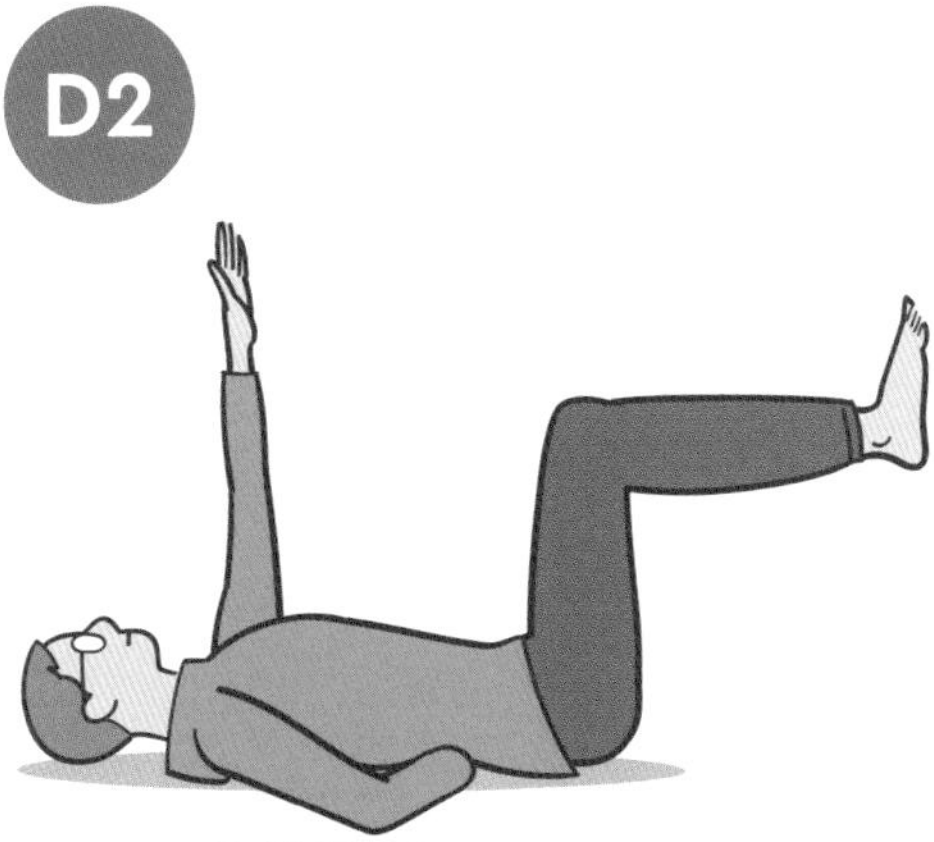

骨盤後傾チェック

床の上に仰向けに寝て両手と両足を上げます。腕と太ももを垂直に上げたとき、背中と床の間に隙間ができますか？　隙間に手のひら一つ分程度の隙間があると正常です。隙間がなければ骨盤後傾、隙間が大きければ骨盤前傾の傾向があります。

隙間が大きすぎる、もしくは隙間がなければ →

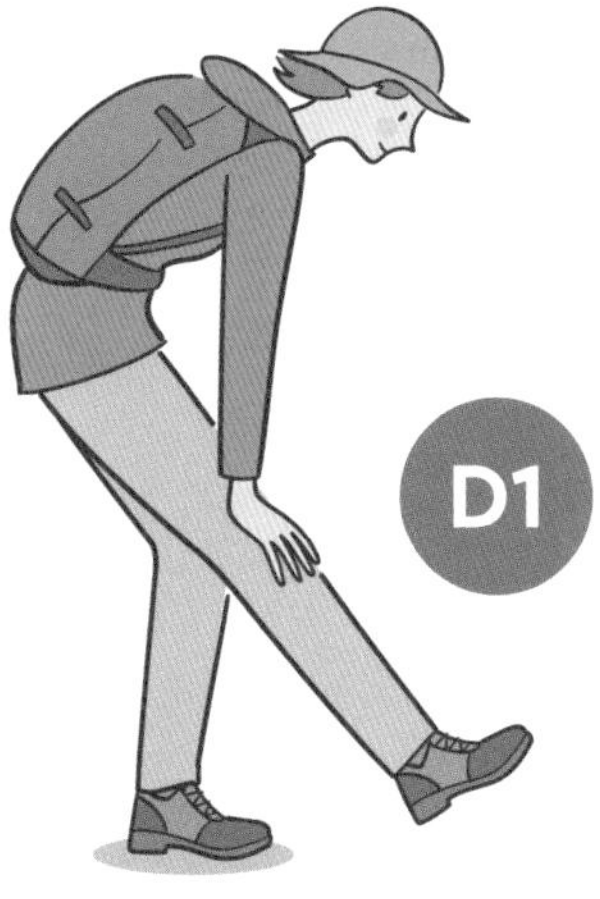

腰引けチェック

滑りやすい場所や急斜面の下りで、腰が引けていることはありませんか？　このような場面で腰が引ける人は、それ以外の場面でも、うまく重心移動できないまま下山している可能性があります。

腰が引ける癖があれば →

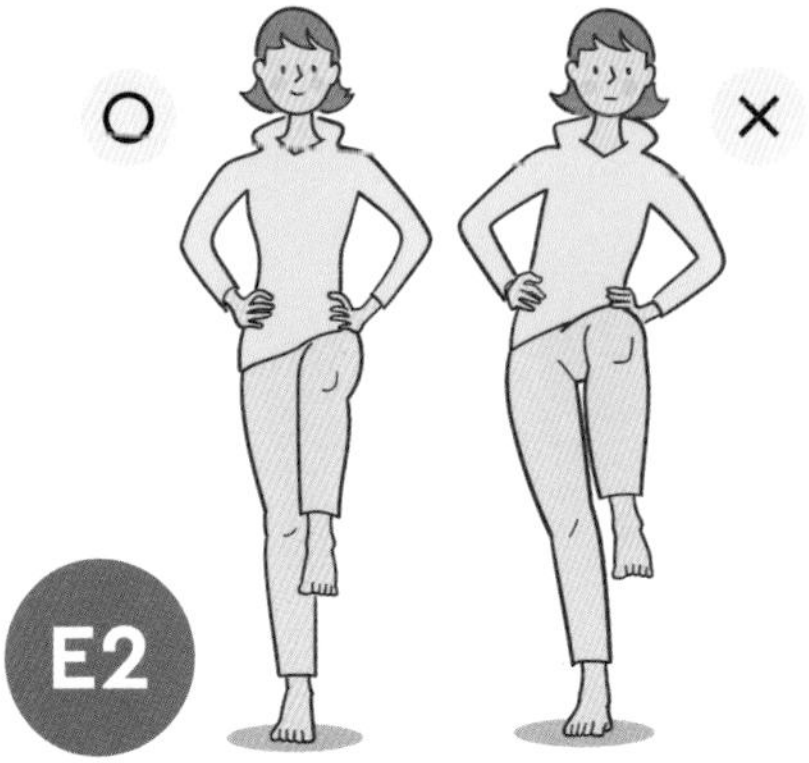

片足立ちチェック

足をそろえてまっすぐ立ち、腰の高さまで腿上げして片足立ちで5秒以上姿勢をキープします。直立姿勢がキープできずにフラついたり、体が「くの字」に曲がっていませんか？

直立姿勢が保てなかったら → ☐

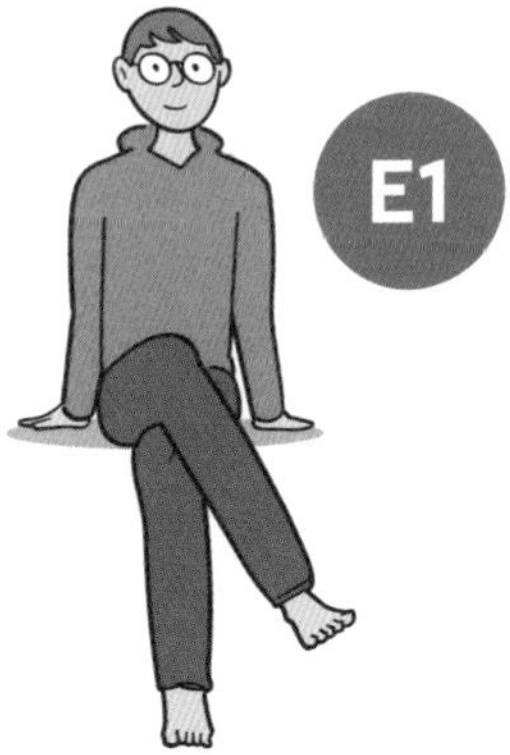

足組みチェック

ふだんの生活で椅子に座っているとき、足を組む癖はありますか？　足組みが癖になっていると、股関節にゆがみが起こり、関節の柔軟性に左右差がある可能性も高くなります。

足組み癖があれば → ☐

該当したチェック項目とその原因

A1 A2	B1 B2	C1 C2	D1 D2	E1 E2	F1 F2
足関節が硬い。かかと重心になっている。浮趾（うきゆび）	股関節が硬い。蹴り足動作が強く、フラット歩行が苦手	巻き肩（前肩）になっている。猫背にもなっている	腰が引けている。骨盤後傾の可能性も	臀筋群が弱い。一軸歩行になっている	下肢が内反・外反している。X脚やO脚の傾向も
○	◎	◎		○	◎
○	◎		◎		
	◎		○		
				○	◎
	◎			○	◎
	◎	○	○		
		◎	○		
◎	◎	○			
◎	◎		◎		
◎	◎		◎		
○	◎		○	◎	◎
◎	◎	○	◎		○
○	○	◎	○	◎	

重心移動

Ⓐ →2、4、11章へ
Ⓑ →3〜5章へ

歩行安定性

ⒸⒹ →8〜11章へ

左右バランス

Ⓔ →12章へ
Ⓕ →6、12章へ

F2

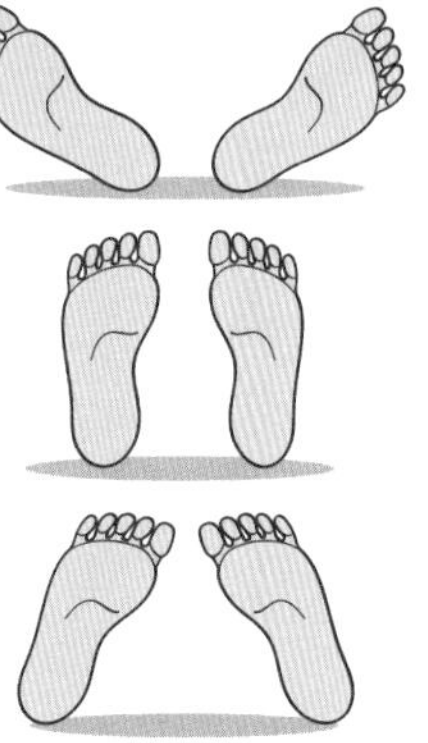

仰向け寝チェック

床の上に仰向けに寝て、脚の力を抜いたとき、つま先はどこを向いていますか？　つま先が45度以上外を向く方はガニ股（外股）癖があります。つま先が少しでも内側を向く方は内股癖があります。

ガニ股・内股の癖があったら →　☐

F1

ランジチェック

前に一歩踏み出すフロントランジを左右交互に数回おこなってください。しゃがみ動作の中で、膝が内側や外側にズレていませんか？　膝の位置がズレてしまう場合、またつま先の向きがズレてしまう場合、骨格の歪みや筋肉のバランスが崩れている可能性が高いです。

膝やつま先にズレがあったら →　☐

本書は序章から順に読んでいただくことで、登山における体の動きを順番に理解できるように構成しています。

ご自身のトラブルの原因を12チェックで調べて、該当した項目をもとに右の表を参照して、関係のある内容の章から先に読んでいただくことも可能です。

チェックAで触れた足関節については2章と4章で、浮趾については11章で触れています。チェックBの股関節については3章から5章で、蹴り足については5章で触れています。チェックC・Dの姿勢や骨盤後傾については8章から11章にかけて触れています。チェックEの体幹安定については12章、チェックFの下肢の内外のズレについては6章と12章で触れています。

表の中の○は影響が考えられるもの、◎は影響が大きいものを示しています。この表を参考に、自分の体の使い方の癖を把握し、悩みやトラブルの原因を解消するために役立ててください。

具体的な悩み

- 膝（膝蓋骨周囲）と大腿筋の痛み
- 脛（すね）・膝・腿（ふともも）の裏側の痛み
- 足裏・足底の痛み
- 足関節の捻挫や痛み
- 股関節の痛み
- 腰の痛み
- 肩の痛み
- 膝が笑う・下りでガクガクになる・ドスン着地になる
- 登りのペースが遅い・途中から脚が上がりにくくなる
- 下りでスリップする・足元が滑りやすい
- 岩場・雪面など足場の悪い場所でバランスを崩しやすい
- 下り斜面が怖い・慎重になりペースが遅くなる
- ポールを使わないと下山ができない

目次

歩き方の悩みを解決するには
自分の体をチェックすることからスタート …… 4

序章　どうしたら山をうまく歩けるの？ …… 11

第1章　山で「うまく」歩くってどういうこと？ …… 19

第2章　急登や大きな段差を
楽に登る方法はありますか？ …… 27

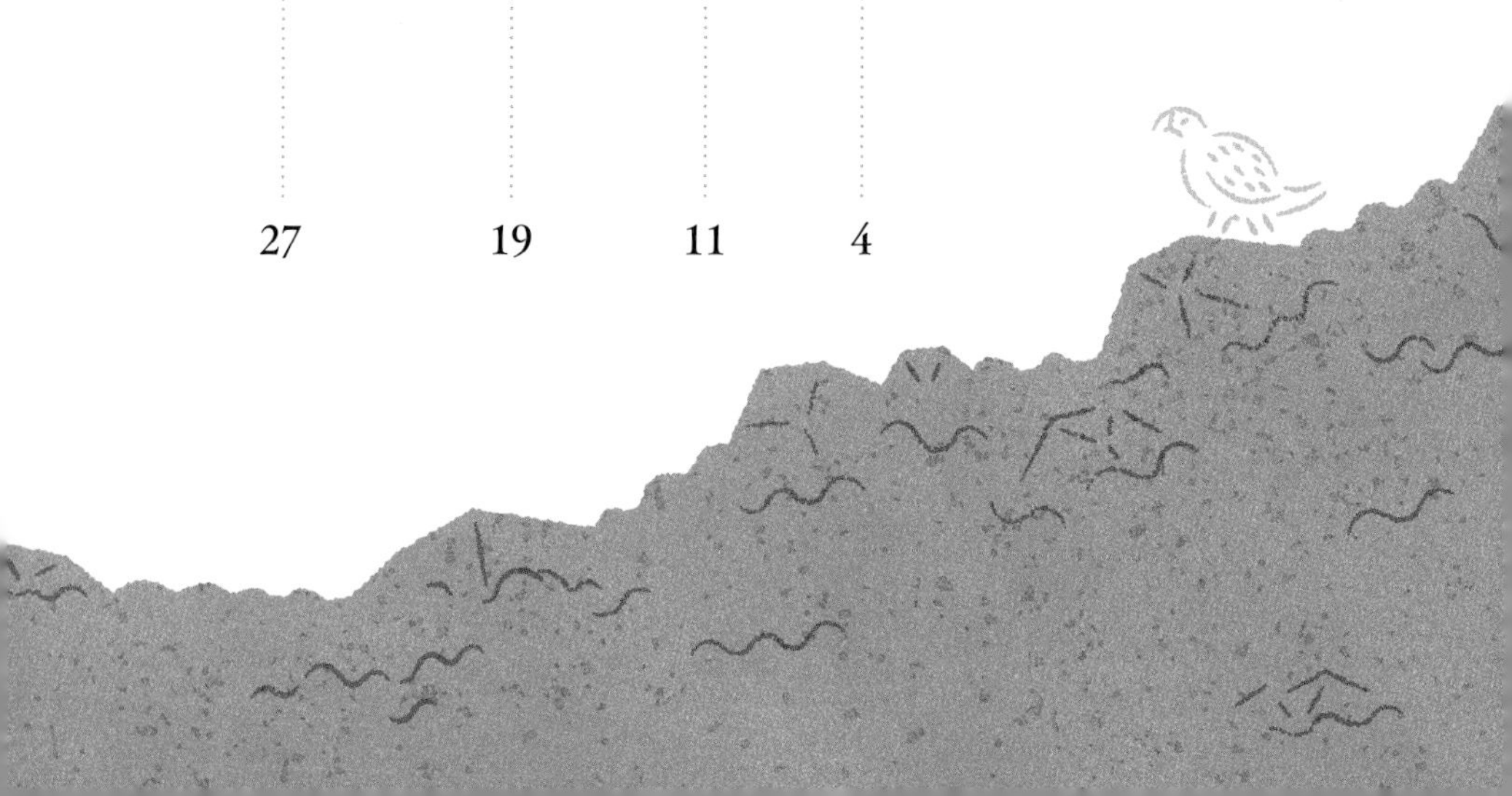

第3章 うまく「重心移動」するためのコツはありますか？ …… 35
第4章 膝が笑わない、痛くならないためにはどう下ればいい？ …… 45
第5章 登山道でフラついたり、スリップして怖いです。解決方法はありますか？ …… 57
第6章 筋トレで鍛えていますがそれでも膝が痛くなります。なぜでしょうか？ …… 69
第7章 長く下ると必ず膝が痛くなります。予防策はありますか？ …… 77
コラム 大腿四頭筋のトレーニングにはスクワットや踏み台昇降よりもランジがおすすめ …… 87

第8章　下りでスピードを抑えるのが苦手です。どのように歩けばいいですか？……89

第9章　ポールを使うとかえってうまく歩けません。どうすればいいでしょうか？……99

第10章　ポールを使いこなすためのコツはありますか？……111

第11章　気をつけていても腰が引けて、前かがみになってしまいます。どうすればいいでしょうか？……123

第12章　左右のバランスが崩れがちです。どう対処すればいいですか？……131

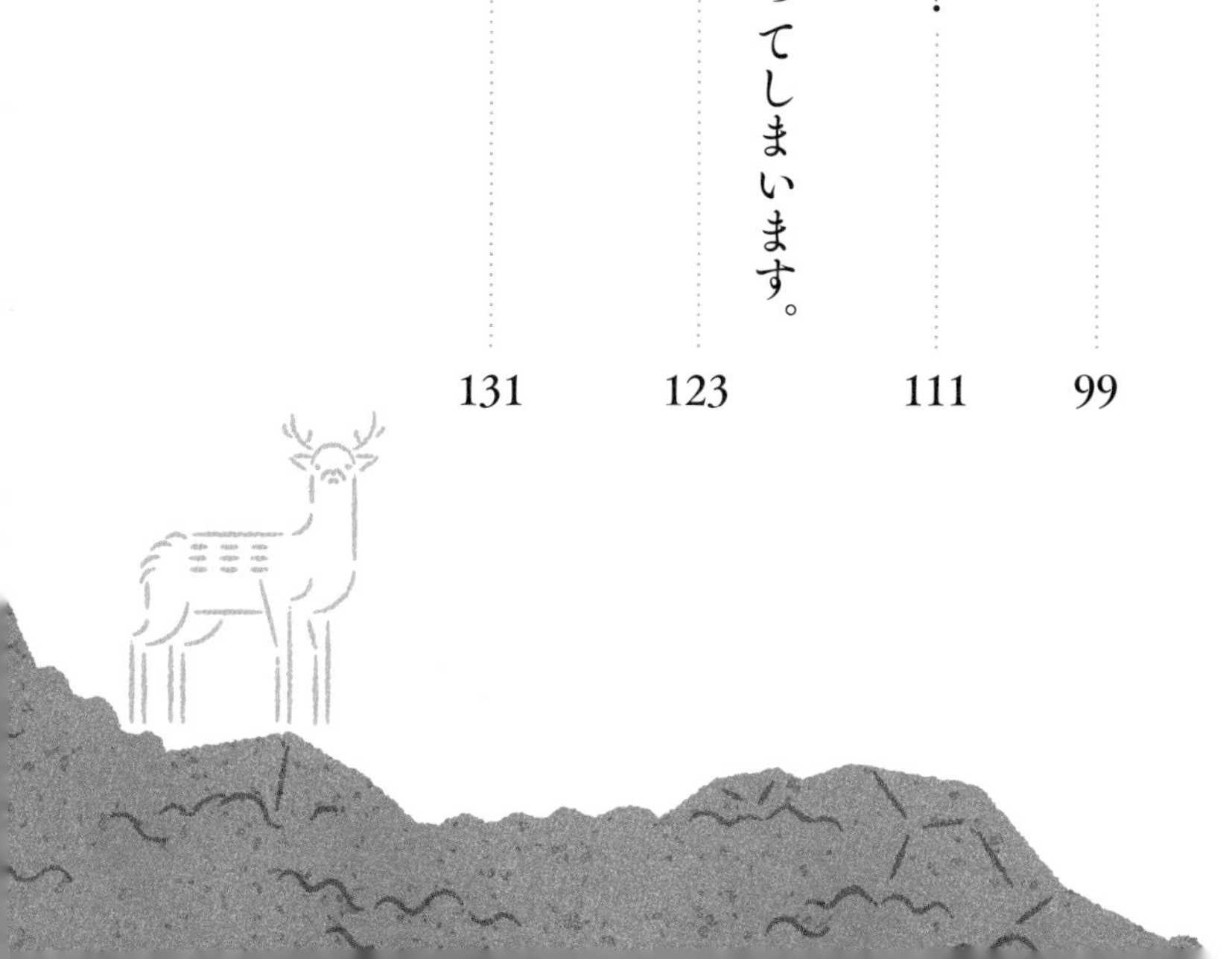

序章

Q

どうしたら山をうまく歩けるの？

A

歩行時の癖を理解し安定した歩行能力を身につけましょう

「疲れやすい」
「歩くペースが遅い」
「膝《ひざ》が痛くなる」
「バランスを崩しやすい」

さまざまなトラブルを抱えながら、多くの方が山に登っています。

そのトラブルには必ず原因があります。いくつか例を挙《あ》げると、

・疲労による姿勢の崩れ
・もともと姿勢が崩れている
・重心バランスの偏《かたよ》りによる、筋肉への過大な負荷
・関節をねじる動きによる、関節へのダメージ
・体重の軽さや心肺機能の高さを過信して勢いよく登る癖がつき、バランスが崩れている
・身体の補助にポールを使っているが、歩行自体は不安定

このように、トラブルの原因がわかることで、初めてそのトラブルを根本的に解決する一歩が踏み出せるのです。

「歩く」行為は日常的に無意識で行えるので、歩行姿勢や動作を客観視する機会がほとん

どありません。

しかし、誰しも歩き方には癖があるものです。どこかに偏りがあったり、関節が硬いせいでうまく動かせない箇所があったり。それを私は「歩行癖」と呼んでいます。

その癖をまずは自分自身で把握することが出発点です。

私が主催する「山の歩き方講習会」では、理想の歩き方を示すだけではなく、参加者を動画で撮影し、自身の歩き方を客観視してもらいます。

自分の歩きに癖があることを理解できて初めて、主体的にそれを修正できるようになるのです。

歩きが上手な人には、以下のようなメリットがあります。

1　体への負担を最小限にでき、疲れにくい。
2　一部の筋肉や関節に負担が集中せず、体全体をうまく活用することで、関節痛や筋肉痛が起きにくい。
3　バランスの崩れや、スリップを起こしにくく、荷物が重くても安定して歩ける。
4　道がどんな状態でも、大きな段差でも、安定したペースで歩き続けられる。

では、どうしたら「うまく歩く」ことができるのでしょうか？

そんな素朴ではあるものの、登山では最も重要な疑問に対して、わかりやすくお答えできるよう、本書では写真を多く使いながら歩行技術について多角的に解説します。

私は中学生のときに野球をしており、うまくなりたいと考えて野球の技術書をたくさん読みました。たとえば投球フォームについては連続写真を使って解説された文章やイラストがあり、それを食い入るように何度も読んだ記憶があります。

一方、これまで登山の世界では、歩行技術に特化した解説書はありませんでした。そのため私が主催する「山の歩き方講習会」では、私自身が長年指導するなかで発見した知識や技術を文章化し、オリジナルのテキストを基に講習・指導をしています。

長時間歩き続ける登山では、歩き方が疲労やトラブルに直結します。「歩き」を制する者が「登山」を制すると言っても過言ではないのに、いかにして歩けばよいのか、これまでは理論化されていませんでした。

登山は他のスポーツとは違って運動する時間が長く、また歩きながらさまざまな状態の道を乗り越えていく必要があります。そのため、心肺機能や筋力、バランス力など、一部の能力が高いだけでは、安定して歩くことが難しいという側面があります。

登山初心者が陥りやすい失敗例としては「力まかせ」に歩いてバテたり、トラブルを生んだりということがあります。

筋力や心肺機能を上げる以外にもできることがある

登山に必要な体力を向上させようとして、筋力トレーニングをしたり、ランニングで心肺機能を上げたり、日常生活のなかでトレーニングをしている方もいるでしょう。

しかし、私は自分の体を軽くすることがまず最優先だと思います。体脂肪率が男性で20%以上、女性で25%以上あるなら、食生活を改善したり、日常的な運動習慣を増やして体脂肪率を減らすことで、登山しやすい体が出来上がります。

私の経験から言うと、体重が5%軽くなるだけで山での歩きやすさを実感できるようになります。ただし、無理なダイエットで筋力が落ちると本末転倒です。自分を「軽くしたい」ときは、体重を減らすことより、体脂肪率を減らすことを重視しましょう。そのためには体脂肪率が測定できる体重計を活用しましょう。

体脂肪が減ると体が軽くなるだけでなく、体の柔軟性が上がったり、関節の可動域が広がるメリットも得られます。そして運動習慣によって体脂肪を減らすと、同時に歩行に関わる下半身の筋力が増えるので、歩行能力を高めることができます。

ここで忘れてはならないのが、筋力トレーニングによる効果は限定的で、問題点もあるということです。それは以下の3点です。

・一日に数十分から数時間程度の運動では、一日中歩き続けるための筋持久力は鍛えられない。
・体の一部分の筋肉だけを肥大させると、体のバランスが崩れかねない。
・急激な筋力向上は硬い筋肉をつくり、トラブルの原因になる。

体全体の筋力バランスを崩すことなく、柔軟性も損なってはならないので、私はあまり筋力トレーニングを推奨していません。

特にスクワットや踏み台昇降などは登山の動きに関連があるように思えますが、厳密には実際の登山の動きとは異なります。その微妙に異なる動きを筋力トレーニングで反復練習することで、登山の動きに悪影響が出る可能性もあります（スクワットの弊害については87ページで詳しく解説しています）。

たとえば、下山時に太ももの筋肉（大腿《だいたい》四《し》頭筋《とうきん》）に疲労が蓄積して、「膝が笑う」状態になった経験は多くの方にあると思います。これを防ぐために大腿四頭筋を鍛えればいいと考える方が多いようですが、実際にはこれがよい作用をもたらすとは限りません。股関《こかん》節《せつ》の硬さが原因で、大腿四頭筋に強い負荷がかかる歩き方になることが多いのです。

　こうした事例からも、単純に筋力を向上させればいいわけではないということがおわかりになるかと思います。定期的な登山によって、ある程度の筋力はつきますし、山に行けないときも、日常のウォーキングや階段の上り下りで練習できることはたくさんあります。

　登山は早く歩ければいいというものではありません。スリップや転・滑落を起こさずに、無事に登って下りてくることができる、総合的な歩行能力が重要なのです。なかでもバランス保持能力や、関節痛や筋肉痛などのトラブルの原因が生まれにくい体、乱れのない歩行フォームなど総合的な歩行能力が重要です。

　このような安定した歩行は、特に重い荷物を背負った際や、岩場などの足場が悪い場所、滑ったり崩れたりしやすい雪道でより重要になります。

　そしてその安定した歩行には、筋力だけでなく、ある程度の筋肉の柔軟性、関節可動域が必要です。日常的に使っていない筋肉や関節の動きを登山の時にだけ使うことも疲労やトラブルの原因になっています。

安定した歩行、上手な歩行のための技術があるなら、早く身につけたいと考える方もいらっしゃるかもしれませんが、正直言って「近道」はありません。

地道に基本的な歩行技術をコツコツ練習して体得するしかありませんが、上達が早くなる「近道」を2つ挙げておきます。

1　歩きが上手な人の後ろをついて歩くよう努める。

2　歩き方を指導できる人やスポーツ動作を理解した人に相談する。

うまく歩くための技術論を頭で理解することも大切ですが、何よりもその動きを体得するには、それができている人の歩きを真似するのが一番の近道です。歩きが上手な人の真後ろについて、真似しながら歩くことで早く上達するでしょう。

また、自分の歩行癖や改善点をアドバイスしてくれるガイドや登山指導者に相談したり、関節痛などについては、スポーツドクターやスポーツ整体の治療家など専門家に相談したりするのも近道です。どこの関節が硬い、左右で柔軟性に差があるなど、自分では気づかない体の問題点を指摘してもらうだけで、的確に理解できます。

まとめ

登山では、筋力だけでなくバランス保持能力や柔軟性も重要。

自分の歩き癖を知ることが改善への近道になる。

第1章

Q 山で「うまく」歩くってどういうこと？

A 身体重心を意識してバランスを上手に保って歩きましょう

私は登山ガイドとして活動しながら、10年ほど前から少人数制で歩き方の講習会をほぼ毎月開催しています。

最近は年間200人ほどの参加者があります。その大半は急登や大きな段差が苦手で、下りでスリップしやすく、膝痛に悩んでいるなど、何らかの歩行時の悩みを抱えています。

講習会では筋力の負担を最低限にとどめる省エネ歩行について解説し、疲れにくく、安定した歩行を身につけるポイントを指導しています。また、一人一人の歩行時の動画を撮影してフォームをチェックし、関節痛などの痛みトラブルにつながる悪い歩行癖がないかどうかを確認しています。

この本では、トラブルを未然に防ぐ歩行技術を写真やイラストを交えて、わかりやすく解説していきます。

私は、もともと運動神経がよいほうではないうえに、体力にも自信がありませんでした。登山を続けるなかで、自身の弱点を克服しようと、ガイドや先輩のアドバイスを参考にしたり、歩き方を見てこっそり真似たりしながら、自分の歩き方をつくり上げてきました。登山歴20年、ガイド歴10年がたちますが、今でも自分の歩き方の悪い癖が新たに見つかることがあり、歩行技術は奥が深いと感じています。

登山の世界では、上手に歩くためにどのように体を動かせばいいのか、どのような姿勢（フォーム）が理想的かなどの運動理論が、ほかのスポーツ分野ほどには明確になっていません。

同じ山で行う運動でも、たとえばスキーで滑ったり岩壁を登ったりする動作と比較すると、歩くという動作はあまりにも日常的過ぎて、細かく分析される機会が少ないようです。その一方で、歩かなければ登山はできませんので、「どのように歩くか」は実は最重要テーマなのです。

本書では、できる限り「私はこう歩く」という主観的な解説にならないように注意しながら、「どのように歩くと効率がいいのか？」「どのようにトラブルを防げるのか？」を理論的に紹介していきます。

うまく歩けば足つりや膝痛は減る！

皆さんは登山中に足つりや膝痛などのトラブルを、一度は経験されていると思います。

こうした痛みは、体の特定箇所に強い負荷がかかっている証拠です。そして、山歩きのなかで継続的に同一箇所にトラブルが生じる人の体では、効率の悪い体の動きや、偏った歩き方の癖が原因で、負荷の集中が起きています。また、痛みなどの症状がなくても、筋肉痛になる部分はいつも同じという人もいるでしょう。特定箇所への負荷の集中を防ぐと、筋肉の疲労も軽減でき、登山は快適になります。

私が提唱・指導している省エネ歩行術は、筋肉への負担を最小限にして山を歩きたい方に役立つ技術です。

ここで重要なのは、歩き方・歩き姿勢以外にも、筋持久力や代謝などが疲労の程度に影響するということです。そのため、どんなに歩き方を改善して効率的な重心移動（省エネ歩行）ができるようになっても、登山の頻度が少なく筋持久力が弱かったり、体質的に代謝が低かったりすると、疲れやすい状況は変わらない可能性があります。

登山は当人の身体的な総合力が問われる運動です。

「自分に何が足りないのか」を探し、弱点を少しずつ克服していってもらえたらと思います。

では、このようなトラブルを予防して、疲れにくい歩き方を体得するにはどうすればいいのでしょうか？　負荷が集中する箇所は人それぞれで、その原因もさまざまです。そこで、まずは理想的な「歩き方」を理解しましょう。次に、自分の癖や弱点を見つけ、負荷が集中する理由を考えましょう。

「うまく歩く」とはどういう状態でしょう。簡潔にいうと「バランスを上手に保って歩けている状態」です。

人は歩くときに必ず片足立ちで体重を支える瞬間があります。このときにバランスを保つのが不得意な人は片足立ちがうまくできずに足を運ぶペースが自然に速くなり、必要以上に筋力を使ってしまいます。こうした積み重ねが長時間続くことで、筋肉疲労や痛みトラブルの原因になるのです。反対に、バランスを保つのが得意な人は筋力の負荷を最低限に留めて、安定したペースで歩けます。

もし筋力や心肺機能が同程度で、バランスを保つのが得意な人と不得意な人がいたとすると、なだらかで整備された登山道を歩く分にはその差はほとんど表れません。しかしながら、大きな段差や急斜面を登り下りする登山道では、その差が筋肉疲労や痛みトラブルの発生に大きく影響します。

平坦地を歩くときは一歩一歩の動きが速いため片足立ちの時間は短めですが、大きな段差を登り下りするときは、片足立ちの時間が長くなります。

この「片足だけが接地していて、かつその足で全体重を支えている」タイミングで、最適な重心位置はどこでしょうか？　実はこの重心位置の差が、バランスを保つのが得意か不得意かに直結しています。

Check! ゆっくり片足立ちテスト

登り下りで「バランスを保って

身体重心（仙骨）が、支持脚接地面の真上にあることを確認

歩く」方法を具体的に説明します。まずは下の2点の写真を見てください。直立時の身体重心は、骨盤の中央に位置する仙骨（骨盤の後部の骨）のやや前にあります。自分のお尻を触ってみるとわかりますが、尾骨の真上の平らな骨が仙骨です。

登山時はザックが背中にあるため、荷物の重さの分だけ身体重心は後ろになるので、登山時は仙骨に身体重心があると考えるとわかりやすいでしょう。接地面の真上の範囲内に頭部や上半身だけでなく仙骨も収まっていると、支持脚

（体重を支えている脚）にうまく重心が乗った状態となります。

そこで、次回に山を登る際など、適度な段差を見つけて「ゆっくり片足立ちテスト」をやってみてください。

段差を登る際に、より長く、ゆっくり片足立ちができる姿勢が、重心がうまく乗っている状態です。重心が乗らない状態で片足立ちをするのは難しく、ゆっくりと段差を登り下りできません。段差が大きくなればなるほど大変になります。

このテストに専門的な知識は不要です。片足立ちでゆっくり段差を越えられるかどうかをみるだけで、体の動きをセルフチェックできます。普段利用している階段よりも段差が大きいほうがテストに向くので、そのような場所を見つけて試してください。

まとめ

理想的な歩き方とは、バランスを上手に保って歩けること。片足立ちをゆっくりできれば、最低限の筋力で歩けて疲れにくい。

第2章

Q

急登や大きな段差を楽に登る方法はありますか？

足首を柔軟に使うと、登りやすくなります

A

この章では上手にバランスを保って登るために重要なポイントとなる「重心移動」について解説します。まず、わかりやすいように2つの写真を並べました。

どちらも同じ高さの段差を登っていて、支持脚の上に体がうまく乗っていない状態（右）と乗っている状態（左）です。この2つの写真を見比べて、まず気づくのが右の写真は上半身が前かがみになっている点です。しかし、いちばん注目してほしいのは、歩行に関わっている下半身の動きです。ここを詳しく解説します。

支持脚にうまく乗っていない（右）、乗っている状態（左）の違い

下半身の動きで注目したいのは膝の位置

とても重要な部分なので、理想的な重心移動について2点に分けて解説します。ここを読んでから、もう一度、比較写真を見て、体の動きを確認してみてください。

① 踏み出した前足を接地したら、足首をできる限り倒して、膝を前に出す。そこで膝の位置の違いを確認してください。

② 膝が前に動いた分だけ、

身体重心の位置も支持脚（前足）接地面に近づいている。身体重心の位置の違いを確認してください。

このように、脚の動きが異なることで、身体重心が支持脚に乗るか乗らないかが決まるのです。

右の写真では、かろうじて上半身を倒して頭部が前に出ているだけで、身体重心がうまく支持脚に乗っていないためバランスを保ちにくい状態です。逆に、左の写真では支持脚の上に上半身を乗せられているので、バランスを保って

膝の位置、重心の位置の違いを確認

立ち上がりやすい状態になっています。

このように支持脚の上に身体重心が近づいた（乗った）状態で後ろ足を踏み出すことで、片足立ちの状態でもバランスが崩れにくく、何より少ない力で体を持ち上げることが可能になります。

また、急斜面や大きな段差になるほど、支持脚の進行方向側（つま先側）に重心を乗せる必要があります。目安として、膝がつま先よりも前に出ていると、急斜面や段差でも前方に身体重心を移しやすくなり、効率的に動けます。

◎
①足首をできるかぎり倒して、
膝を前に出す
②膝が前に出たぶんだけ、
身体重心の位置も
支持脚（前足）に近づいている
身体重心
支持脚接地面

ただし、足首を倒し、膝を前に出す歩き方は、すねの筋肉（前脛骨筋）への負荷が増します。また、膝痛を起こしやすい人は膝を前に出す動きをすると痛みが出る可能性がありますので、無理に動かさないように注意が必要です。

普段からランニングなどのトレーニングをしている人は問題ありませんが、山歩きしかしていない人は、この筋肉が鍛えられていない可能性がありますので、膝を前に出して歩く時間を少しずつ長くできるように、体を徐々に慣らして筋力を上げていくことをおすすめします。

膝を前に出すためには足関節（足首）の柔軟性が必要

前方へスムーズに推進するためには、身体重心をできる限り早く着地足（前足）に移すことが重要です。踏み出した足にしっかり重心が乗る（片足立ちが可能な状態）にして、後ろ足は蹴らずに脚を引き抜く歩き方を「抜き足」と呼びます。このような歩き方を身につけると、急斜面や大きな段差を楽に越せるようになります。

登山では足関節《そくかんせつ》（足首の関節）や股関節の柔軟性が重要です。柔軟性がないと力任せに登ることになり、筋肉に大きな負荷がかかって長時間の歩行や下山時にトラブルが起こりやすくなります（足関節の動きは膝の位置が目安になります）。

30〜31ページの写真の比較では、前足足首の角度（前傾角度）は10度ほど異なります。パッと見て違いはわかりづらいですが、このわずかな差が重心移動に影響します。

今回はわかりやすくするため「膝を前に出す」と説明していますが、重要なのは足関節の柔軟性と、前脛骨筋の筋力を高めることです。足首の関節が硬い人ほど、無意識に上半身の前傾だけで重心移動をする傾向があります。

現代の生活では和式トイレや和室（畳）でしゃがんだり立ち上がったりする機会が減っており、足関節を活用しない傾向にあります。これが足関節を上手く使えない要因のひとつになっています。

また、登山中は荷物が重いほど、また疲れてくるほど、姿勢を維持する筋力が疲労して体勢が崩れて前かがみになりがちです。背中が丸くなると肺が圧迫されて呼吸がしづらくなるうえに、視線が下がり足元だけを見て

足関節のストレッチは、段差を使って自分の体重をかけてゆっくり伸ばすのが一番効果的です

歩くことになります。結果的に、頭上の障害物を見落としやすくなります。

姿勢よく歩くことを意識するよりも、足首を上手に使って歩くことで結果的に姿勢よく歩けるようになり、重心移動がスムーズになります。次に山で大きな段差や急登で踏み出す際にはぜひ「膝が前に出せているか？」を確認しながら歩いてみてください。

まとめ

段差を登るときは足首を倒して膝を前に出して登る。
日ごろの階段でもイメージトレーニングしてみましょう。

第3章

Q
うまく「重心移動」するためのコツはありますか？

A
股関節を柔軟に使うと重心移動がスムーズになります

段差が連続するような山道では、登るのが大変なうえに下る際にも着地の衝撃が大きく、誰もが負担を感じるシチュエーションです。

この章では足関節《そくかんせつ》（足首）と同様に、歩行時に重要な役割を果たす「股関節」の動きについて解説します。股関節の動きが段差での重心移動をスムーズにしてくれます。まず、その前に重心移動について説明しましょう。

自分の体重を味方にする

これまで説明をしないまま「重心移動」という言葉を使ってきましたが、そもそも「重心移動」とは何でしょうか？　登山においてどんな働きがあるのかを含め、ここで確認しておきます。

近年は登山装備の軽量化が進み、「荷物が軽いと楽になる」ことへの理解と関心が高まっています。荷物に限らず、登山者の体重も軽いほうが負荷は軽くなります。

一方、登山者の姿勢と体の動きによって、重心移動の仕方は違ってきます。荷物や体の重さによる負荷とは異なり、重心移動による負荷は数値化できないため、動きによる負荷の差は実感しにくいでしょう。総じて重心移動が下手だと負荷は増し、うまいと負荷は少なく済みます。

すなわち、姿勢や体の動き次第で、自分の体重や荷物の重さが敵になったり味方になったりすると言えるでしょう。もう少し詳しく説明すると、登りのときは前に踏み出した足への重心移動が速いと、最低限の力で体を持ち上げることができます。下りのときは後ろで踏ん張っている足にできるだけ重心を残し続けることで、最低限の力で着地の衝撃を吸収し、スピードを制御して歩くことができるのです。

スムーズな重心移動の鍵を握る股関節の動き

「重心移動を意識して山を歩いたことはない」という方もいるかもしれませんが、実は多くの人が無意識に重心移動を調整しながら歩いています。たとえば急登を登っているときや登りで疲れてきたときに、自然に上半身が前かがみになったことはありませんか？　それがいわゆる「重心移動の調整」です。

前かがみになると、前に踏み出した足の上に頭部のみが移動し、ポールを持っている腕が伸びて突く位置が遠くなります。これは無意識に背骨を曲げて上半身の体重を部分的に移動しているのです(写真右)。

しかし、前かがみになるとその分だけお尻が後ろに下がり、腰が引けた状態になるので、体幹部の体重が十分に移動していないため、必要以上に力を使う、効率の悪い歩行姿勢になります。

苦しくなると前かがみになり下を向いて歩きがちになる。
ポールをより遠くに突こうとして腕が伸びる傾向もある

登りで疲れてきたときに、
自然に上半身が前かがみに
なったことはありませんか？

ここで重要な点は、この状態は体がうまく動かせないせいで代償として起きているということです。そのうまく動かせていない部分とは、32～34ページで取り上げた足関節と、今回のテーマである股関節です。

また、姿勢が悪く骨盤後傾になっていると股関節を動かす範囲が制限され（脚を前に出しづらくなり）、上半身の重心がうまく支持脚に乗りません。骨盤を立てて歩くことを心がけましょう。（骨盤についてはは96ページで詳しく解説します）

股関節が動くと重心移動がスムーズになる

では、股関節を使った歩きのポイントを解説していきます。

文章を読んだらもう一度、写真を見て、体の動きを確認してみてください。

① 前に足を踏み出すときに、踏み出した側の膝と腰（股関節）を一緒に前方に動かす（このときに膝

に手を置くと、より効果的)。

② 股関節が動いた分だけ、左半身が支持脚（前足）に近づいている（左肩から左腰のラインに注目）。

お尻から脚を上げて踏み出しているので、左膝がより前方に移動します。骨盤が前方に回旋することで左肩も前方に移動するため、重心移動がスムーズになります。

この写真でわかるように、股関節を前後に開きながら踏み出すことで、左足の上に左半身の体重を速く移動できています。これに加

お尻から脚を上げるイメージで踏み出している

◎
股関節が
動いた分だけ、
左半身が
支持脚（前足）に
近づいている。

え、さらに足首を倒していくことで、より重心移動がスムーズになるのです。

下りの場合も同様です。右下の写真で右半身が回旋して、重心移動がスムーズになっている状態を見てください。

順番としては、股関節が先に動くことで足関節が動かしやすくなります。股関節周辺の筋肉が硬い場合、膝を前に出して足首を倒す動きがやりにくく、そのせいで重心移動がしにくくなります。このような一連の動きができないせいで前かがみになり、上半身の体重を部分的に移す、姿勢が崩れた歩き方になってしまうのです。

股関節は足関節と同様、日常生活で使う機会が少なく、可動域が小さくなっていること

×
骨盤の回旋に
ともなって
上半身も回旋して、
重心移動が
スムーズになる
○

下りでは重心が支持脚に
スムーズにのると、
無駄な力がいらなくなる

を自覚しづらい箇所です。また、平坦地や整備された登山道を歩く分には、股関節に問題を感じる機会も少ないと思います。

しかし、一歩の幅が大きくなる段差の多い道や、足場が限定される岩場などでは、股関節の可動域が狭い方は大きなハンデを抱えて歩くことになります。骨盤を回旋し、股関節を前後に開ける柔軟性があって初めて、骨盤から下の下半身全体をうまく動かして歩くことができるのです。

柔軟性があって初めて、3つの関節がバランスよく使える

歩行には、主に足関節、膝関節、股関節と主に3つの関節が関わっています。私の講習会で参加者の柔軟性をテストすると、膝関節の可動域に個人差は少ないのに対し、足関節と股関節の可動域は個人差が大きいです。

股関節は慣れないうちはうまく動かせなくて当然ですので、日頃から次ページの写真のようなストレッチをして、股関節を前後に開く柔軟性を上げるようにしてください。

日帰りの軽い荷物で歩いたり、歩きやすいルートを歩いたりするぶんには、重心移動を意識せずとも問題なく歩ける方は多いでしょう。

しかし、段差の連続、急斜面の直登など、険しい道や重装備を背負って歩くときは、その差が歴然とします。そういった場所でバテるのは、重心移動が上手にできていないことが原因になっている可能性があります。ですから、日帰りハイキングや日常生活で階段を上り下りするときでも、本番に強い歩き方を体得するために、上手に重心移動ができるように練習しながら歩くことをおすすめします。

まとめ

股関節は慣れないうちはうまく動かせません。日ごろからストレッチをして、柔軟性を高めましょう。

立てた膝はすねが垂直になるように、後ろの膝は地面につけた状態から
立てた膝を曲げながら股関節を広げ、体を下げる

第4章

膝が笑わない、痛くならないためにはどう下ればいい?

Q

A

着地衝撃を抑えるため、支持脚に重心を残して歩きます膝の悩みを抱えている人は、特に下山時に膝が笑ったり、痛くなることが多いでしょう。下山時は重力の影響で自然にスピードが上がってしまうため、効率的に歩行速度をコントロールすることが重要です。下山時に膝がフラついたり痛んだりするのは、過度な負荷がかかり続けて筋肉疲労が限界を超えることが原因のひとつです。

速度をコントロールするといっても歩行は連続動作なので、ブレーキをかけ過ぎると止まってしまいます。適度な速度を維持しつつ、強い衝撃となる「ドスン着地」にならないように歩くのが理想的です。これを実現するにはできる限り長く、身体重心を後方の支持脚（後ろ足）に残すことが重要です。

では、姿勢や足の動きはどうしたらいいのでしょう？　まずは段差を下るシーンで、支持脚に重心がうまく乗っている写真と乗っていない写真を見比べてみましょう。

下りでも歩行時は必ず片足立ちになる瞬間があるので、支持脚の上に身体重心が乗る姿勢が重要であることに変わりはありません。

左ページ、上の写真では支持脚（写真では後ろ足）の上で上半身がほぼ直立していて、重心がうまく乗っています。一方、下の写真では支持脚のかかとより後ろにお尻が位置し、上半身が前かがみになっています。

腰が引ける、前傾姿勢になる。姿勢が崩れることのデメリット

下山においても、歩行中は踏み出した足に常に重心を移し続ける必要があります。しかし、下山時はスピードや衝撃を抑えようとするあまり、左下の写真のように腰が引けてしまうことがトラブルの原因になるケースが目立ちます。腰が引けることで姿勢が崩れます。そのデメリットについて写真を見ながら、考えてみましょう。

重心が体にうまく乗っている状態（上）とかかと寄りの状態（下）

1　下りでスリップしやすい

前ページの写真の左足（前足）を見てください。うまく接地しているときと接地できていないときでは着地時の足の接地角度に10度の差があるのがわかります。

下りでは腰が引けるなど、姿勢の崩れがトラブルの原因となっているケースが目立ちます。まずはその悪影響を認識しましょう。腰が引けると接地角度が傾き、かかと着地になりやすく、靴底全面で接地できないことで靴底のグリップ力も落ちます。頻繁にスリップする、お尻をついて転ぶ人の多くはこのような腰が引けた姿勢になっています。

2　前のめりに転倒しやすい

上半身が前かがみになって頭部が前方に位置する分だけ、滑ったりバランスを崩したりした際に、前のめりに転倒しやすくなります。

下山時はお尻をつく転倒のほうが起こりやすいものですが、頻度は低くても、前のめり転倒をした場合は顔面や頭部を負傷しやすく、勢いがついて滑落する可能性が高くなります。危険度の高い転倒になりやすい姿勢といえます。

3　着地した後、スムーズに重心移動ができない

日頃の姿勢も影響しますが、腰が引ける最大の原因は、スピードや衝撃を抑えようとし

て無意識のうちに腰を支持脚のかかとよりも後方に残してしまうことです。

腰が後ろに残ったままだと、段差が大きい箇所などで踏ん張りきれなくなったときに、着地する足へと一気に重心が移動しやすく、「ドスン着地」になりやすいのです。

支持脚の動きが姿勢の崩れを防ぐ

前に踏み出した足が着地するまで後ろの支持脚がしっかりと体重を支えていれば、着地時の衝撃は少なく、下りの歩行速度を適切に制御できます。この支持脚に体重を乗せた下山歩行では、特に段差が大きい場所ほど足関節《そくかんせつ》（足首）を屈曲し、股関節をうまく伸展させることが重要です。

段差を下る際は、支持脚だけで体重を支えて「しゃがみ動作」を行います。このときに膝関節だけで脚を動かすと、膝関節に過度な負担がかかるばかりか、腰が後ろに引けてバランスを崩しやすくなります。

登りと同様、下りでも股関節の柔軟性が重要になります。

では、姿勢の崩れを防ぎつつ効率よく歩くにはどうしたらよいのでしょうか？

下りの重心移動に大事な要素を2点に分けて解説しますので、比較写真を見ながら体の動きを確認してみてください。

右の写真が理想的な体の動きです。この写真から、次の2点を確認しましょう。

①　支持脚（右足）の足首を
　できる限り倒しながら、
　左足を踏み出す。

支持脚の足首の角度の違いを確認してください。約20度違います。

足首の角度と身体重心の位置の比較。左は腰が引けて重心移動しにくい状態

◎
① 支持脚（右足）は足首を倒して膝を落とすように踏ん張る
50度
② 右膝を前に出した分、身体重心が後ろになりすぎずに済む。腰が引けた状態を防ぐことでスムーズに重心が移せる
70度

②　支持脚の膝が前に動いた分だけ、身体重心の位置も左足（着地しようとしている足）に近づく。

骨盤（身体重心）の位置の違いを確認してください。これが48ページで前述した3つのデメリットに深く関係します。

下りの段差では片足でしゃがみますが、このときに大腿四頭筋（膝関節の伸展機能をつかさどる）だけを使わず、積極的に足関節を屈曲させることで、膝関節への負荷を軽減することができます。また足関節が曲がる分、姿勢は崩れ

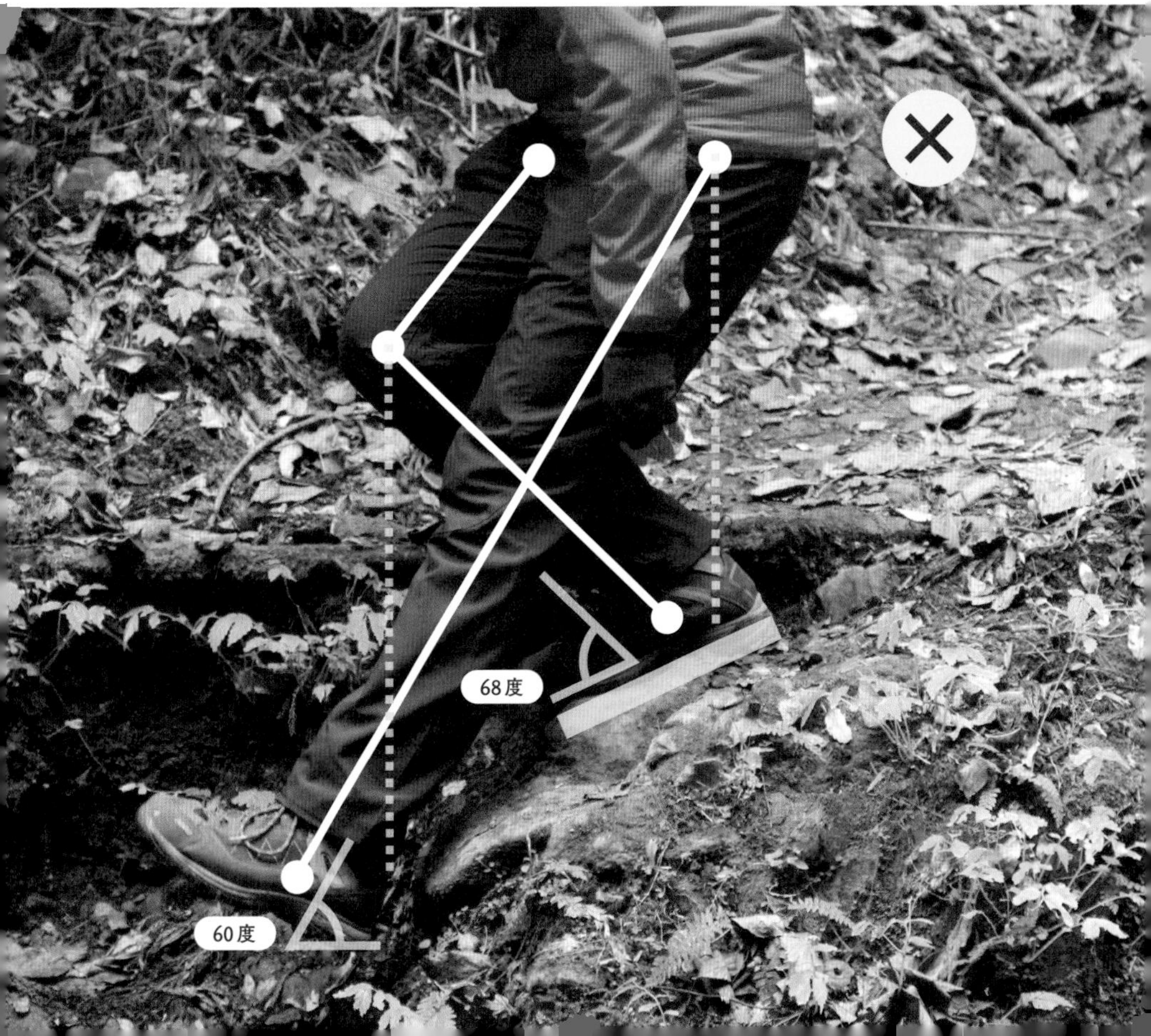

ないため、次の一歩への重心移動が容易になります。人間の歩行動作では、足関節・膝関節・股関節が連動しています。どれかひとつの動きが悪ければ、当然、他の関節への負担は大きくなってしまいます。

足関節を使って歩くことの重要性がおわかりになったでしょうか？　慣れないうちは無理をせず、足関節の柔軟性を上げ、徐々に前脛骨筋の筋力を鍛えるようにしましょう。なお、下山時のしゃがみ動作については第11章でも解説しています。

足関節・膝関節・股関節が連動して働く状態をつくる

登山における姿勢を決定づけているのは、足関節・膝関節・股関節です。姿勢といっても登山では体が常に動いています。ですから、より詳しく表現すると、この3つの関節がどのような角度と可動域で動いているかが、効率的な重心移動（省エネ歩行）の可否を左右します。

50～51ページの写真で着地時の左足首の角度を測ったとき、その差は10度ほどでした。

ただし解説のために極端な姿勢を撮影したので、実際に複数の登山者の足首の角度を測ればば違いは5度程度だろうと想像します。しかし、たった5度の差が蓄積することによって、長時間の登山では体に多大な影響を与えるのです。

段差のない下り道ではエンジンブレーキをかける

段差で衝撃の大きな着地にならないよう、支持脚を長く使って歩く方法を解説しましたが、段差のない下り坂でも同じです。

段差がない場所であっても、下りでは傾斜に応じて自然に歩行スピードが増していくものです。こういった状況で加速させずに歩くには、先の説明と同様、支持脚に長く荷重を残し続けねばなりません。支持脚から少しでも着地脚側に重心がずれると歩行速度が増し、その分だけ着地衝撃は大きくなります。この着地時に、スピードを制御しようとすると大腿四頭筋が踏ん張る形で力を使います。長い下り坂で大腿四頭筋を使い過ぎて筋肉がパンパンになったり、膝に力が入りにくくなりガクガクしてくるのは、スピード制御による負担が着地時にのみ過剰にかかった結果です。

この歩き方は同時に、膝関節にも大きな負担をかけます。

このようなスピードを制御するメカニズムは、自動車のブレーキに例えるとわかりやすいでしょう。

前足で着地する際に大腿四頭筋を使ってスピードを制御する動きは、車のフットブレーキに相当します。

しかし、車でも長い下り坂を運転する場合は、フットブレーキへの負担を減らすためにギアを2速や3速に入れ、エンジンブレーキを使ってスピードを制御します。

人間の体で、このエンジンブレーキに相当する動きは、後ろ足（支持脚）を長く接地し、荷重をかけたまま股関節を伸展させることで歩行速度を抑える歩き方です。

このような動きは足関節・股関節が硬い方にとっては難しく、両関節が動かない分だけ着地側への重心移動が早く、結果的に着地側でしかスピードをコントロールできません。

下山時に小股で歩き、歩幅を小さくして一歩あたりの移動距離を縮めてスピードをコントロールしている人もいると思います。この歩き方はスリップを防ぎ、安定して歩けますが、歩幅が小さいと股関節の動きも小さくなり、その分、膝関節への負担が増してしまうデメリットがあります。歩幅が小さくなっても歩数が増えれば膝関節に負担をかけ、長時間の下山でのトラブルに影響してくるのです。

股関節に柔軟性が必要なのは言うまでもありませんが、重い荷物を背負い続けることで背中が曲がり姿勢が崩れ、股関節が動かしにくくなることも忘れてはなりません。

疲れて前かがみ姿勢になると、背骨が曲がることで股関節が動きにくくなるのと同時に、頭や肩が前方に移動するため、その分重心が前にずれて後方にある支持脚で体重を支えることが難しくなるのです。

そのため、重い荷物を背負っても姿勢を維持できるように体幹の筋力を強化することが大切ですし、逆に考えると荷物を軽量化して長時間の歩行でも姿勢が崩れにくい環境をつくることも重要です。

また、休憩時には下半身だけでなく、腰や背中など上半身のストレッチをするとよい姿勢を維持しやすくなります。

なお、エンジンブレーキを使った下り、といっても抽象的でわかりにくいと思います。

そこで、次回の登山で試せる「ペンギン歩き」を紹介します。

段差のない緩やかな下り斜面で、次の写真のように両手を後ろに伸ばして歩くのです。

体を曲げたり前傾しないようにしてください。また手を後ろに伸ばす分、お腹を前に突き出すようにして歩きます。

何歩か歩きながら着地衝撃を覚えておき、同じ歩行ペースのまま次は手を真っすぐ前に伸ばして歩いてください。この手の位置の変化で重心が変わります。手を後ろに伸ばしている方が重心を支持脚に残せ、エンジンブレーキがかかっている状態になるのです。実際に試して、歩きの変化を体感してみてください。

まとめ

姿勢が崩れないように注意し、支持脚に重心を残して歩くことで着地衝撃を抑えて下山することができます。

第5章

登山道でフラついたり、スリップして怖いです。解決方法はありますか？

Q

A

安定して歩くために欠かせない「フラット歩行」を身につけましょう

股関節と足関節《そくかんせつ》（足首）を連動させた「フラット歩行」で安定して歩けるようになります。この章では、その実現のために解説します。

フラット歩行のメリット

❶ 腓腹《ひふく》筋やヒラメ筋、ハムストリングス（大腿部後面）への負荷が減る。

❷ 足を踏み出す際に足元が滑ったり、足場を崩してバランスを乱したりしにくくなる。

❸ スリップしても大きくバランスを崩さずに済む。雪道でも安定して歩ける。

❹ 効率のいい重心移動ができるようになる。

「ベタ足歩行」という言葉を聞いたことはありませんか？

私自身、どこで教わったか記憶が定かではありませんが、山では靴底全体で着地するよう教わりました。靴底全体で着地することで靴底の摩擦力が最大限に発揮され、滑りにくくなります。かかとだけ、つま先だけで着地するとスリップしやすいのです。

スリップとは靴底の横滑りです。写真を見てわかるように、靴底の接地面に対して鉛直方向に体重がかかっていれば問題ありませんが、斜め方向に力が加わると横滑りが生じやすくなります。

スリップと聞くと下山時をイメージするかもしれませんが、滑りやすい場所であれば登りでも平地でも起こります。濡れた地面、崩れやすい砂地や雪面を歩いている際に後ろ足をズルッと滑らせた経験は、誰にでもあるでしょう。

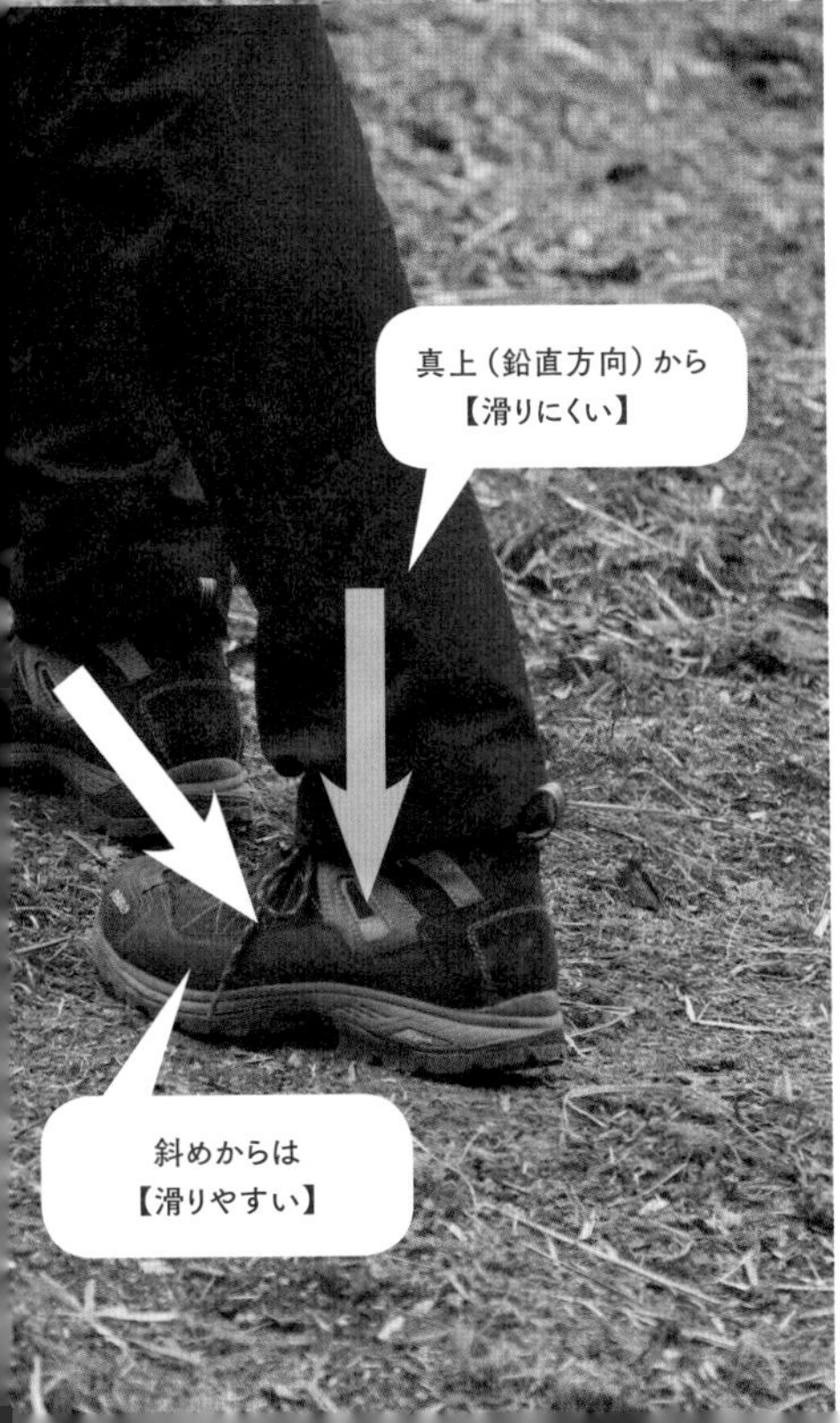

歩幅を小さくすればフラット歩行がしやすくなる

フラット歩行は疲れにくい歩き方であると同時に、スリップを防ぐ安定した歩行でもあります。

靴底がスリップすると、バランスを崩しやすくなります。同時に落石も起こしやすく危険です。だからこそ鉛直方向に体重をかけて歩くことが大切ですが、踏み出す一歩が大きいと斜めに荷重がかかりがちです。これを避けるため、登山では歩幅を小さくすることが推奨されているのです。歩幅を小さくすることで関節の動きを最小限に抑えられ、重心移動も行いやすくなります。

では、どの程度歩幅を小さくして歩けばいいのでしょうか？　その問いには後ほど答えるので、まずはフラット歩行の仕方を連続写真で解説します。

フラットに接地して、フラットに足を抜く

まず、下りのフラット歩行を見てみましょう。左がNG、右がGOODなフラット歩行です。

この練習には緩い下り斜面が適しています。次回、登山をする際に試してみてください。下りでかかと着地になりやすい人は、つま先から着地するつもりで歩くとフラット着地がしやすくなります。第4章でも解説しましたが、下山時は後ろ足が支持脚となって体重を支えることでドスンとした着地を防げるので、後ろ足から体重を抜く直前までかかとを接地し続けられるよう努めます。

後ろ足のかかとが早く上がると、それだけ前足の着地の衝撃が大きくなってしまうので、

右は後ろ足のかかとが長く接地しているが、
左は後ろ足のかかとが早く上がっている

後ろ足の動きに注意が必要です。実際に動いてみて、違いを確認してみましょう。

続いて登りのフラット歩行を観察します。これも左がNG、右がGOODの状態です。

登りでも、段差の少ない緩い斜面で試してみてください。

フラットに着地するのは比較的簡単ですが、それに反して、後ろ足から体重を抜く「抜重」時の動作は少し難しくなります。特に登り斜面では推進力が必要なので、ついつい後ろ足で蹴りがちですが、大きな段差など反動が必要な特別な場面を除いては後ろ足を蹴り出さず、先に前足側に重心を移しておいて後ろ足は「抜く」ようにします。

後ろ足で蹴り出す動きに依存している方は、それだけ前足側に重心移動ができていない

1～3の写真から、蹴りが強いとかかとが大きく上がることがわかる。
右の写真のように蹴らずに抜くと、
後ろを歩く人に靴底を見せない歩きになる

ということです。動きを再現して確認しましょう。

まずは登りからフラット歩行を練習しよう

スリップや転倒のリスクが高いので、下りのほうがフラット歩行の重要度は高いです。しかし練習という観点からは、一歩一歩の動きが速いのでフラット歩行の練習はしにくくなります。その点、登りのほうがゆっくりと歩けて比較的練習しやすいので、まずは登り斜面でフラット歩行を練習してみましょう。

従来から登山の世界では「ベタ足歩行」が推奨され、着地時に足をフラットに置くよう指導されてきました。しかし本当に大切なことは、着地時だけでなく抜重時にも足がフラットなまま地面から離すことです。これができないとかかとが上がり、つま先だけが地面に着いている瞬間にスリップを起こしたりバランスを崩したりします。靴底全面で接地してバランスを保ち、スリップを防ぎ、安定した足場がつくれるのです。

靴底をハンコのイメージでとらえると、靴底全面が常に接地できるように歩けます。後方を歩く人に自分の靴底を見せないように、「かかとを地面に長く着けたまま歩く」ことを意識して、着地でも抜重でも足がフラットに動くよう練習しましょう。

このフラット歩行を行うためには、股関節を前後に開く柔軟性が重要です。股関節の柔軟性に自信のない方には、まず毎日のストレッチをおすすめします。

フラット歩行を行うコツは、膝を真っすぐ伸ばした「気をつけ」の姿勢から少しだけ足関節を屈曲して膝を前に出した（少し腰を落とした）状態をつくることです。これが最も歩きやすい姿勢です。また、背筋が曲がったり、腕を振ったりすると股関節の動きが悪くなるため、背筋を伸ばして腕を固定できる状態をとるとよいでしょう。トレッキングポールを100cm程度の長さに調整して両手で持って肩に載せて歩いたり、腰に手を当てて歩いたりすると、股関節の動きがよくなり、フラット歩行が行いやすくなります。

フラット歩行を試してみるとわかりますが、大半の人は普段の町歩きのときよりも歩幅をやや小さくすることで、着地時も抜重時もフラット歩行が容易になります。股関節が柔らかい人は歩幅を小さくしなくとも、問題なくフラット歩行ができます。

股関節が硬いと、歩行を安定させるためには歩幅を小さくせざるを得ません。一方、股関節が柔らかいと多少歩幅が大きくてもスリップしにくく、安定して歩けます。重心移動や疲れにくい歩行のさいに、股関節は有効に働きます。岩と岩の間隔があいたところや、段差が大きい場所など、「小さい歩幅では歩けない」中級者向き以上の登山ルートで特に股関節の働きが重要になってきます。フラット歩行で安定して歩くためには、股関節の柔軟性が重要なことを覚えておいてください。

あなたに最適な歩幅は股関節の柔軟性で決まります

ここまで説明してきたとおり、股関節の柔軟性は個人差が大きいため、「このくらいの歩幅で歩きましょう」と一般的な数字を示すことは難しいです。重要なのは「歩幅を小さくすればOK」ではなく、「自分がフラット歩行できる歩幅で歩く」ことなのです。

また、後ろ足の動きは歩行時に自分でチェックできませんので、もし機会があれば、山を歩いている姿を真後ろから仲間に動画撮影してもらうことをおすすめします。

町歩きでは前足をかかとから着地し、後ろ足はつま先で蹴って歩くのが一般的です。舗装路でのこの歩き方と、山歩きに適した「フラット歩行」はまったく異なるので、意識的に歩き方を切り替える必要があります。

厳密に靴底全体で着地して抜重することよりも、「かかとだけ」「つま先だけ」など、靴底の一部のみが地面に接する時間を極力減らして歩くことを目標にしてください。

登山に限らず、高齢になり歩けなくなる方や、転倒してケガをする方は股関節が硬く、可動域が狭い傾向にあります。健康に長く登山を楽しむためにも、股関節の柔軟性を維持できるように体をつくってください。

股関節を上手に使えれば下山時の着地衝撃がやわらぎ、大腿四頭筋への負担が減ります。膝が痛みにくくなるだけではなく、足場を崩したり、スリップや転倒したりするリスクを減らすことができます。岩場・岩稜歩きや、森林限界を越えた雪山登山、テント泊などの重装備登山などでも、安定した歩行を身につけておくことで、転倒や滑落を防いで安全に活動できます。

安定して歩ければ疲れにくく、事故も起こしにくいので、フラット歩行はぜひとも身につけてほしい歩行技術です。

歩幅を小さくすると負荷が軽減されますが

登山では、できるだけ少ない負担で歩く方法として、歩幅を小さくすることが推奨されてきました。筋肉の伸縮を最小限にすることで負担が軽減され、これまで解説してきたとおり、重心移動がしやすくなるためです。

しかし、北アルプスなどの岩場が続く山道や、大きな段差、急登を歩くことを想定すると、歩幅が大きい状態でも歩ける能力が必要になってきます。

近年は装備の軽量化が進み、軽い荷物で登山ができるようになっています。おかげで足への負担は軽減し、肩に重さがかからない分、呼吸は楽になります。とはいえ、近郊の日帰り登山と高山での宿泊登山ではやはり背負う荷物の重さが異なりますので、慣れない重荷を背負ったときに体をうまく適応させられないという問題が起きます。こうならないためには、日ごろの日帰り登山のときでもあえて重たい荷物を背負ってはどうでしょう。安定した重心で歩く練習になり、重荷による負荷に脚も慣れます。

一方、足場の不安定な場所でバランスを保て、かつ下山時には脚の負担を軽減できるため、トレッキングポールを活用している方は多いと思います。

しかし、ポールを使うことによって、本来は下半身を中心に行う重心移動の動きを学習する機会を失います。特に、下山時に常に両手にポールを持っていると、ポールでスピードを制御するために両腕を前に出した結果、着地足（前足）重心の歩き方が自然と身についてしまいます。これによって、岩場などでポールを持たないで歩くとうまくスピード制御ができず、衝撃の大きい「ドスン着地」になりがちです。

これを私は「ポール依存症」と呼んでいますが、登山での効率的な基本姿勢を体得していない初心者ほど、ポールを使用するときに腕の力に頼ってしまい、誤った姿勢を身に着けがちです。このような登山者を実際に山でよく見かけます。基本的には、ポールがなくても安定して登り下りができるように、ポールは限定的に利用することが重要だと考えています。

ポールの使い方については、第9章で写真つきで詳しく解説します。

まとめ

靴底をハンコのイメージで靴底全面を地面につける。かかとだけ、つま先だけでの接地にならない歩き方をめざしましょう。

第6章

Q

筋トレで鍛えていますが
それでも膝が痛くなります。
なぜでしょうか？

A

膝をねじって
歩いていると関節への
ダメージが大きいです

　登山時に起こるトラブルでは発生頻度が高い部類の膝痛について、その原因である「膝関節をねじる歩き方」を解説します。

　早速ですが、次の写真を見比べてください。膝関節の間違った曲げ方、正しい曲げ方を確認しましょう。登りで前に踏み出した足の膝、下りで後ろ側の足の膝で、3種類の曲げ方を例示しました。

ニーイン・外反膝
（X脚傾向）

膝を曲げる際に膝が
内側にずれる動き。
（つま先よりも膝が内）
ガニ股になればなるほど、
つま先と膝の向きの差が
大きくなり、ねじれが強くなる

ニーアウト・内反膝
（O脚傾向）

膝を曲げる際に膝が
外側にずれる動き。
（つま先よりも膝が外）
内股になればなるほど、
つま先と膝の向きの差が
大きくなり、ねじれが強くなる

ニュートラル

両足のつま先がどちらも
正面を向き、膝を曲げるときに
真っすぐ正面に動く。
膝の動きとつま先の向きが
そろっているので、
膝関節にねじれが起こらない

人体の構造上、つま先と同じ向きに膝を曲げるのが正しい動かし方です。正常範囲で動かす限り、膝関節の内部へのダメージや軟骨のすり減りは起きにくいものです。しかし関節をねじるような動きをすると、変形性膝関節症などのトラブルが起きやすくなります。

この膝をねじる動きは、歩く際に無意識に膝を内外に傾ける癖によって生じます。日常生活ではほとんど問題は起きませんが、登山は運動負荷が大きいので膝にかかる負担は平地以上で、痛みや障害を引き起こしやすくなります。

幼少期から床の上での座り方に男女差があることで、女性はニーインと内股、男性はニーアウトとガニ股になる傾向があります。このような歩行癖は必ずしも性別のみには依存せず、運動歴や日頃の姿勢などに影響されて、一人一人の体に定着するのです。

膝痛は登高時よりも下山時に起きやすいものですが、このような偏った歩行癖は登り下りどちらにも出ていることが多く、下りのときだけでなく、登りのときから意識して正しく歩くことで、膝痛を予防することができます。

登山は「ガニ股」で歩くのが正しい？

私が開く講習会には「登山ではガニ股で歩くものだと思っていた」という参加者がけっこうな数でいます。

山岳会の指導者やガイドは圧倒的に男性が多く、また日本人男性は「あぐら」で座るのでO脚（ニーアウト）傾向の人が多数を占めます。O脚気味の人は、膝が正面ではなく若干外を向いて動くので、ガニ股歩行が自然です。そのため、指導者層に多いガニ股歩行を自然に真似る機会が多いのでは、と推察します。

ただし、O脚男性がガニ股で歩くことは自然な動きですが、X脚（ニーイン）の人には当てはまりません。女性は子どものころに女の子座りする機会が多く、X脚（ニーイン）の人は男性よりも多くみられます。X脚（ニーイン）傾向の人がガニ股歩行で歩いた場合、膝とつま先の向きに大きな差が生じます。膝関節を強くねじる、不自然な歩き方になるのです。

膝痛がある女性にはこのタイプが比較的多いようです。

滑りやすい道に対応するために、ガニ股で歩いて靴の内足側のエッジを使うと滑りにくくはなりますが、前章で触れた、足首を柔軟に使うフラット歩行さえできていれば、よほど滑りやすい場所でない限り、ガニ股になる必要はありません。

ガニ股歩行には足首をあまり前方に倒さずとも重心移動ができるというメリットはありますが、本来は足関節が柔らかく使えるほうが重要なことです。

足関節が硬い方や上手に使えない方にとってはガニ股歩行にメリットがあるため、それに依存した歩き方になりやすいのです。

しかしながら、内股の場合は下肢の内側、ガニ股の場合は下肢の外側の筋肉に負荷が集中しやすくなるので、足の筋肉をバランスよく使えなくなります。特定の筋肉に疲労が集中すると、筋肉痛にもなりやすくなります。

そのため、左右のつま先の向きをできるだけ正面に向けて歩き、ガニ股歩行は一時的なものに留めることが重要なのです。

歩行癖は体の硬さが原因。矯正のためにはストレッチを

左右のつま先の向きを正面に向けて歩くのが、人体の構造上は最善の歩き方ですが、それができない人も多くいます。これは、股関節や足関節が硬いことや、長期にわたる偏った体の動かし方が原因となって、「ニーイン・ニーアウト」「内股・ガニ股」などの癖が身体的に定着してしまっているためです。

これまで解説してきたとおり、関節の硬さや骨格のゆがみ、体の動かし方に癖があると、重心移動が上手くできずに疲れやすい（効率が悪い）歩き方になりがちです。また、このような歩行癖は膝痛に限らず、靴底の内外のすり減り具合に偏りができやすく、足首を捻挫しやすかったり、足裏にマメができやすかったり、くるぶしの骨が靴に強く当たるなど、ほかのトラブルをも誘発します。

強い癖があると、バランスを崩して転倒の原因にもなります。このような癖がないかどうか、歩き方を自分でチェックすることをおすすめします。

自覚などが無くても、関節によって柔軟性が異なったり、左右の柔軟性に差があったり、

足裏への体重のかけ方に多少の偏りがあったりするものです。X脚やO脚と診断されたことがなくても膝が少しでも内や外にずれていれば、長く山道を歩くほどにトラブルを起こしやすくなります。

体に癖があることは当たり前で、それ自体は悪いことではありません。しかし、登山時に膝痛などの痛みトラブルが起こりやすいのであれば、その癖を直してみる価値はあります。痛みトラブルを予防できるかもしれません。

体の硬さについては日頃からストレッチを行って、少しずつ柔軟性を向上させることが大切です。姿勢が悪い方は日頃から姿勢が崩れないように心がけましょう。

なお、体重のかけ方については、靴底の上下左右（つま先・かかと・内・外）に偏りが生じないよう、第5章で紹介したフラット歩行を日常的に練習してみてください。

まとめ

膝とつま先の向きをそろえることが重要。
特に大きな一歩を踏み出したときに注意が必要です。

第7章

長く下ると必ず膝が痛くなります。予防策はありますか?

Q

A

大腿四頭筋に依存しない歩き方で、膝への負担は軽くなります。

膝のどこが痛むのかを把握する

膝痛にもいろいろなタイプがありますが、膝関節の痛みのなかで関節内部にトラブルがあるケースは全体の2割ほどだといわれています。関節内部に異常があれば日常生活で膝を動かすときに症状があるはずで、登り始めるとすぐに痛みが出ることが多いでしょう。この場合、専門医に相談して治療する必要があります。関節内部にトラブルがあれば、登山自体が困難であるはずです。下山時や筋肉疲労時に膝痛が起こるのは、関節外部に原因がある場合がほとんどでしょう。膝痛のうち8割ほどは、関節外部の筋肉などに起因するといわれています。

ここで重要なことは、痛みのある箇所をきちんと把握することです。たとえば、下山後も膝痛が長引くなどして受診を検討しているのなら、痛みがある部位に油性ペンで印をつけておくことを強くおすすめします。よくあるのは、診察してもらうころには痛みが引いており、症状があった部位を明確に説明できないということです。これでは正確な診断がもらえません。

加えて、膝痛のきっかけとなった動作、膝痛を悪化させる動作も記録しておきましょう。たとえば屈伸運動をする際に痛むとか、もも上げの際に痛むとか、具体的な情報があるとトラブルが生じている部位が特定でき、治療や対策がしやすくなるからです。

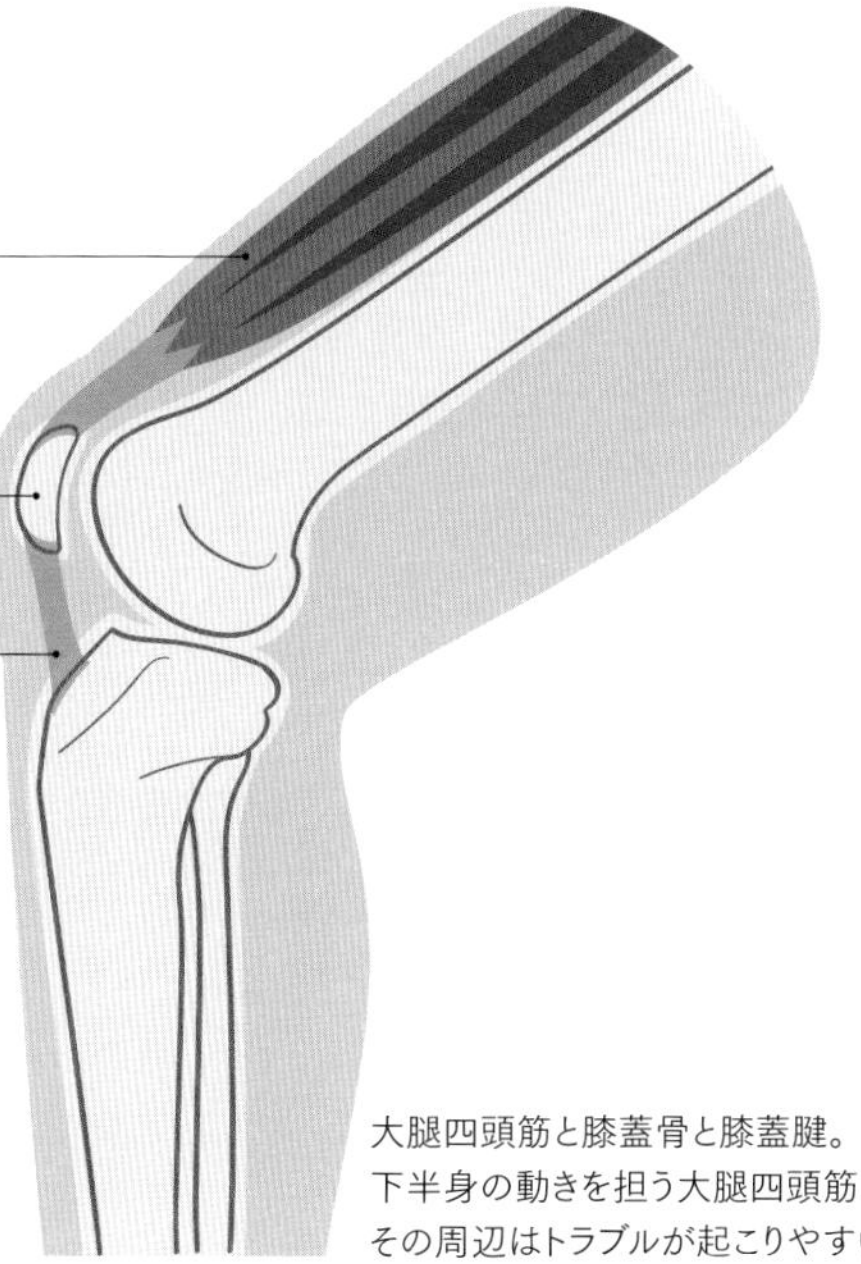

大腿四頭筋と膝蓋骨と膝蓋腱。
下半身の動きを担う大腿四頭筋と、
その周辺はトラブルが起こりやすい

膝痛の正式病名例

関節内部の痛み	変形性膝関節症（軟骨や骨のトラブル）
	膝蓋腱・半月板の損傷
関節外部の痛み	膝蓋骨外側部の痛み …… 腸脛靭帯炎（ランナーズ・ニー）
	膝蓋骨内側部の痛み …… 鵞足炎
	膝蓋骨下部の痛み ……… 膝蓋下脂肪帯炎、膝蓋腱炎
	膝蓋骨上部の痛み ……… 大腿四頭筋腱付着部炎

医学的には「膝痛」という病名はない

このように、膝痛が起きたら、まず発生部位を把握します。これなしでは治療や対策、原因究明にあたれません。

私は講習会で膝痛に悩む方にアドバイスをしますが、前提として必ず、具体的な痛みの場所や、痛みを引き起こす動作を聴き取ります。そして、実際に歩いてフォームを見せてもらい、総合的に考えてアドバイスをします。

「膝が痛む」という情報だけでは、どんな専門家でもアドバイスはできないということを覚えておいてください。

一般的には疲労がピークに達するころ（行程の後半）に筋肉の動きが悪くなるのと同時に痛みが出るというパターンが多いのですが、これは筋肉酷使による一般的な疲労性のトラブルです。

筋肉疲労が強く、筋肉や靱帯などに強い炎症が残った場合は、登山後の数日間、痛みが続く場合もあります。

膝関節の動きをつかさどる太もも前側の筋肉（大腿四頭筋）は、下半身のなかで最も大きく強い筋肉であるため、登りでも下りでも下半身の動きの中心を担っています。大腿四頭筋が疲労することで筋肉の柔軟性がなくなって硬くなり、筋肉とつながっている膝のお皿（膝蓋骨）の周囲に痛みが生じるというメカニズムです。

この膝痛は歩行癖などとは関係なく、大腿四頭筋が疲労すればだれにでも起こりうる膝痛なので、「ハイカーズ・ニー」と名づけたいくらい登山者特有のトラブルです。

大腿四頭筋を筋力トレーニングで鍛えると、この膝痛を予防できることがあります。特に登山初心者や久しぶりに登山をする人は、事前に筋力トレーニングをすることをおすすめします（87ページでトレーニング方法について解説しています）。

しかしながら、筋力を鍛えてもすべての膝痛を防げるわけではありません。その理由のひとつに、トレーニングで筋肉量を増やせても、筋肉の持久力をつけるのは容易ではない、ということが挙げられます。

実際、ジムなどで定期的に運動をしている人であっても、長時間トレーニングをすることは簡単ではありません。2～3時間程度の登山では全く問題はなくても、それを超えて歩き続けると、後半になって急に動きが悪くなる場合があります。登山のためのトレーニングは「定期的に登山をすること」と言われるのは、これを避けるためです。持久力をつけるためにはやはり、長時間登り下りをするのが一番です。

定期的に登山をしているにもかかわらず、ハイカーズ・ニーが生じる場合は、大腿四頭筋以外の筋力をうまく使えていなかったり、歩き方が間違っていたりする可能性が高いです。

筋力を鍛えてもすべての膝痛が防げるわけではない、もうひとつの理由は、大腿四頭筋を強化しても、ほかの関節と筋肉がうまく使えない場合、依然として膝痛が起こりやすい状態が続くということです。これは膝痛を予防するうえで、最も大切な視点ではないかと考えます。

大腿四頭筋ばかりに依存しない登り方・下り方を！

現代人の生活では足関節《そくかんせつ》（足首）や股関節を使う機会が減り、この2つの関節周辺の筋力は衰えがちです。歩行時は足関節・膝関節・股関節、この3つの関節が連動しています。

しかし、体が硬い人ほど足関節・股関節の可動域は狭くなりがちで、その分、この2つの関節の周囲の筋肉を使わずに、膝関節だけに依存して歩くようになってしまいます。これが最終的に大腿四頭筋にばかり負担が集中し、膝痛が起こりやすい状態を招いてしまうのです。

このような場合は大腿四頭筋以外をうまく使えるようにする必要があります。

下山時の足関節と股関節を使った歩き方についてはすでに解説しました。段差の続く山道を歩く場合でも、下半身全体の筋力を上手に使えている人と、大腿四頭筋に負荷が集中する人とでは、体の使い方は全く異なります。

大腿四頭筋に依存しないためには、足を前に踏み出した際に衝撃を吸収するのではなく、後ろ足の3つの関節を縮めて体を下に移動させる必要があり、そのためには足関節と股関節の柔軟性が重要です。後ろ足の動きが少ないと、前足でドスンと衝撃の大きな着地をせざるを得ません。また、これに伴い、前足の着地時に膝を曲げて衝撃を吸収する動きも、膝関節に大きな負担をかけます。

このような着地を繰り返すと大腿四頭筋への負担が蓄積し、膝痛にならなくとも、膝関節での踏ん張りが利かなくなる、いわゆる「膝が笑う」状態になります。

同じように歩いているように見えても、下半身全体の筋力を上手に使えている人と、大腿四頭筋に負荷を集中させる人では、体の使い方は全く異なると言えます。このような差は膝をねじる動きと同様、人それぞれが持つ「癖」に由来します。

つまり、自分の歩き方の癖を自覚し、無意識で行う「歩く」という運動に意識的になり、癖を修正することで初めて膝痛を防ぐことができるのです。

前傾姿勢が強すぎて
前足の着地時に負荷がかかった状態（上）。
対して、背筋が伸びて重心が
支持脚にのっている状態（下）。
下写真の姿勢のほうが
着地衝撃は少ない

癖が変われば筋肉への負担が変わる

トレイルランニングのトップ選手などは膝痛を起こさずに、大腿四頭筋に筋肉痛を起こすこともなく、大きな標高差でも駆け下ることができます。これは、太ももの裏側（ハムストリング）やお尻の筋肉（臀筋群《でんきんぐん》）など、下半身全体を使って効率よくスピードを制御しながら走っているからです。

癖を修正し、足関節と股関節の機能を十分に使えるようにすることは簡単ではなく、時間もかかるでしょう。それでも、トレッキングポールやサポートタイツを利用すること以上に、大腿四頭筋への負担を劇的に軽減させることが可能です。

特に、猫背や巻き肩などで背中が曲がって前かがみになりやすい人ほど、重心が前方に移りやすくなり、その分、後ろ足がうまく使えず、前足の着地時の衝撃は大きくなります。その衝撃を少しでも抑えようとして自然に腰が引けてしまい、尻もちをついたり転びやすかったりします。これを修正するには、日常生活の姿勢から見直す必要があります。

長時間歩き続ける登山では、下半身全体を上手に使えることが重要です。姿勢の癖と歩行動作は大きく影響しあうので、次章ではこの点を詳細に解説します。

まとめ

膝痛を防ぐには、足関節と股関節の硬さや前かがみ姿勢をチェックし、膝に負担をかける歩行時の癖などを修正することから始めましょう。

大腿四頭筋のトレーニングには
スクワットや踏み台昇降よりもランジがおすすめ

大腿四頭筋のトレーニングとして人気があるのはスクワットや踏み台昇降です。何もしないよりはしたほうがいいのですが、この２つのトレーニング方法はおすすめしません。

その理由は、２つとも登山中の動作とかけ離れているからです。一般的なノーマルスクワットは両足を平行にして膝を屈伸させることにより、大腿四頭筋のみならず下半身の筋力が鍛えられるわけですが、登山ではそのように両足を平行にして屈伸することはほぼありません。踏み台昇降は一段登ってすぐに後ろへ一段下りますが、このような動作も登山ではほぼ行いません。

私がおすすめするのはスプリット・スクワットとランジです。どちらも足を前後に開いて膝を屈伸する運動で、実際の登山で下半身にかかる負荷に近い状態で鍛えることができます。

スプリット・スクワットは筋力が弱い人や初心者でもできるトレーニングです。肩幅に置いた足を前後に開き、後ろ足の膝を地面スレスレまで落とすようにしゃがみこみ、それを反復します。動き回らないので狭いスペースでもできるのが利点です。慣れないうちは身体がフラつくことがあるので、体の真横に椅子などを用意して片手でつかみながら姿勢を維持するとトレーニングがしやすいでしょう。

スプリット・スクワットでは膝を痛めないよう、前足の膝をつま先の前に出ないよう動かすことが推奨されています。しかし、登山ではつま先より膝が前に出ても踏ん張れる筋力が必要です。無理のない範囲で少しずつ膝を前に出せるように取り組んでみてください。

なお、右足を前にしたとき、左足を前にしたときで、しゃがみこみの安定度が違った場合、特に苦手な方を重点的に鍛えるといいでしょう。また左右差がなければ、左右どちらも均等な回数行いましょう。

次に、実際の登山の動きに近く、より負荷が強いトレーニング法がランジです。前に一歩踏み出す動きを行いながらスプリット・スクワットと同じように腰を落とし、元の姿勢に戻るのがフロントランジです。後ろに一歩下がる動きを行いながらスプリット・スクワットと同

スプリット・スクワット
後ろ足の膝を落とすように腰を落とす

Column

じしゃがみこみをして元の姿勢に戻るのがバックランジです。

どちらも一歩ごとに踏み出す足を左右で替えることと、支持脚（動かさない脚）で体を支えることを意識して取り組みましょう。

フロントランジ、バックランジ共に動きが加わるので、その分、筋力が弱い人は上半身がふらつくかもしれません。その場合はまずスプリット・スクワットで基礎的な筋肉を鍛えた後にランジを行うことをおすすめします。

また、フロントランジとバックランジでどちらも大腿四頭筋やハムストリングスを鍛えることができますが、少し違いがあります。フロントランジは前に着地したときに衝撃が加わる動きなので、前脛骨筋にも負荷がかかり下山向きの筋力が欲しい人に向いています。バックランジは腰を落とした後、元に戻る動きをするときに臀筋群（大臀筋・中臀筋）に負荷が加わる動きなので、登りの段差向きの筋力が欲しい人に向いています。

どちらのトレーニングでも姿勢が前かがみにならないよう、腰に手を当てて直立姿勢を保つように注意しましょう。また、膝が内外にズレていないか、前脚の膝が出すぎていないか注意しながら、少ない回数でもいいので毎日鍛えるととても効果的です。

フロントランジ

左右交互に前に一歩踏み出す

バックランジ

左右交互に後ろに一歩下がる

第8章

Q

下りでスピードを抑えるのが苦手です。どのように歩けばいいですか？

A

着地の仕方と姿勢を変えることから始めましょう

この章では膝痛の要因となる、下山時にスピードを制御しにくい歩き方について解説します。特に着地の仕方、上半身の姿勢について理解を深めてください。着地の仕方と姿勢を変えると膝への負担が変わることがわかるでしょう。

どのような着地をしていますか？

現代人が歩く際に、ほとんどの場合は靴を履きます。靴底のクッションを利用すれば楽に歩けるので、かかと着地、かかと重心になりがちです。

これに対して、草履や下駄で舗装路を歩くことをイメージしてみてください。靴底が薄くクッション性がないので、かかと着地・かかと重心だと衝撃をまともに受けます。足裏全体でフラット着地をせざるを得ず、また、必然的に歩幅は小さくなります。裸足で歩く場合も同様です。

このように、靴中心の生活を送る現代人はフラット着地で歩く機会が少ないうえに、慣れていないのでかかと着地になりやすいのです。近年はウォーキングでも「かかと着地は

NG」と指導されるようになっています。かかと着地は短距離でのスピード重視の歩き方であり、長時間の歩行ではトラブルの原因になりやすいと言えます。

市街地を短時間歩くだけならトラブルは起こりにくいのですが、下山時の着地衝撃は大きいため、どんなに登山靴のクッション性が向上しても靴の能力だけで着地衝撃を吸収するのは不可能です。

フラット着地とかかと着地で、膝関節に伝わる衝撃を左の写真で解説します。下の写真のように足関節（足首）を有効に使うことで、衝撃がダイレクトに膝関節に伝わることを防ぎます。足が持つ衝撃吸収能力を最大限に発揮させるためにも、かかと着地ではなく足底

かかと着地とフラット着地では、
着地時の足関節の角度が30～40度異なる。
フラット着地は足関節が動いた分、
膝関節への負担が減る

全体でのフラット着地を心がけてください。また、大きな段差を下る際には、多くの人がつま先からゆっくりと着地をして衝撃をやわらげた経験があると思います。

このように、足裏のどの部分から着地するかで、着地衝撃の受け方は変わってきます。

下山時、膝関節に負荷が集中しないよう、日頃からフラット着地で歩いたり、階段をつま先着地で下りる練習をしておくと、いいトレーニングになります。

どんな姿勢で歩いていますか？

次に姿勢に着目してみましょう。普段の生活では長時間デスクワークをすることが多く、肩が前に出る「巻き肩」や、頸椎《けいつい》の湾曲がなくなる「ストレートネック」になる方が増えています。このように肩や頭部が身体重心よりも前方に出ていると、その代償として背中が丸くなる「猫背」や「骨盤後傾」の姿勢になりやすくなってしまいます。皆さんは左の写真のよ

ザックを背負うため登山では前かがみになりやすい。
写真左では猫背・骨盤後傾だけでなく、肩が前に出る「巻き肩」にもなっている

うな姿勢で歩いていませんか？

Check!

歩行姿勢チェックポイント（日常編）

町や家の中でも構いません、肘《ひじ》をできるだけ曲げないようにして、腕を振りながら平坦地を5ｍほど歩いてください。前後均等に腕が振り子運動をしていれば問題ありません。

しかし、前方の動きが大きく、後方への動きが小さい方は、肩や背中などどこかに姿勢の崩れはありませんか？　この腕の振りの前後差と同じことが脚の振りでも起きています。前方への脚の動きが大きければ大きいほど、フラット着地をしたくても、かかと着地になりやすいのです。

歩行時は身体重心よりも後方で脚を動かすのが理想です。それができていなくても、登りや平坦地では推進効率が悪くなるだけでトラブルにはつながりにくいものですが、下りではスピードが制御しにくいため、膝関節などへの負担が大きくなります。

思い当たる姿勢の崩れがあるなら、姿勢を矯正して歩き方を改善しましょう。ひいては、膝痛を予防することもできるでしょう。

Check!

歩行姿勢チェックポイント（登山編）

山でザックを背負っているとき、皆さんはどのような姿勢でしょうか？　次回山に行った際には、ザックを背負ってウエストベルトをきっちり締め、そのうえで背中とザックの隙間を確認してみてください。

背中が丸まっていると、その分重心が前方にずれます。登りでは特に問題はなくても、後ろ足で荷重を支えて下ることができず、スピードも制御できず、着地衝撃が大きい歩き方になってしまいます。また、骨盤が後傾していると股関

背中とザックの隙間を確認しよう！

節の動きも悪くなるため、段差を下りる際に重心が安定せず、バランスを崩しやすくなります。

背中が丸まってしまう癖のある方は、日常の座り姿勢や立ち姿勢を見直すことで、歩き方を改善することができます。

また、足元に集中し過ぎたために顔が下を向いて姿勢が崩れてしまうことがないよう、注意が必要です。足元を確認しながら歩く場合も、猫背になったり首を倒して下を見るのではなく、なるべく直立姿勢を保ったまま、あごを引いて少しだけ顔を下げ、できる限り体を倒さないで、目線を下げることで足元を確認できるようにしましょう。

骨盤の癖が転倒や滑落につながることも

歩くにしても走るにしても、骨盤が後傾していると体は非効率的な動きになります。急斜面が登りにくかったり、段差が苦手だったり、下山でスリップしやすいのは、骨盤に原因があるのかもしれません。

イラストのように骨盤が前傾・後傾していると、股関節はスムーズに動きません。体が硬くて股関節がうまく動かない方にも同じことが言えますが、股関節周囲の筋肉を活用できないと、膝から下の筋肉への負担が強くなり、足のつりや筋肉痛を招きます。

また、股関節がうまく使えないと重心移動がしづらい姿勢で歩くことになり、そのせいで力（筋力）に頼った歩行をすることになります。

歩幅が大きくなる急な階段が連続する場所や、足元が不安定な岩場、ガレ場の急登、急斜面、濡れて滑りやすい斜面などでバランスを崩しやすく、安定した歩行ができません。浮き石でバランスを崩したり、足場を崩して歩いたり、落石を起こしやすい歩き方だとも言えます。危険と共に歩いていると言えます。

前傾骨盤と後傾骨盤の違い

〈前傾〉

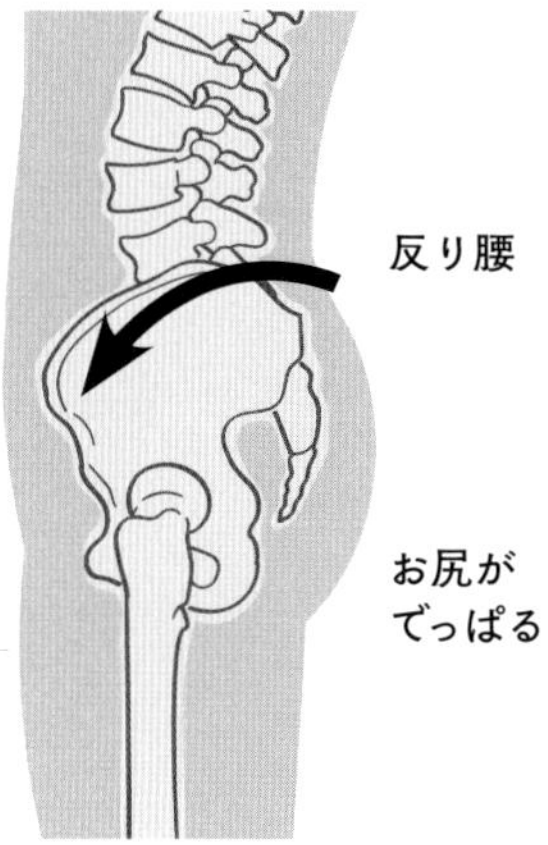

〈後傾〉

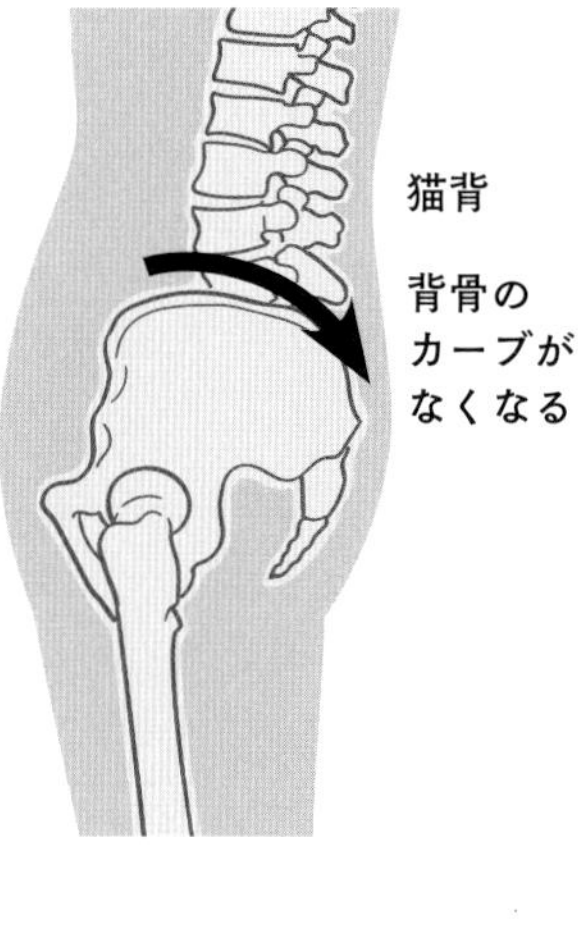

骨盤の癖は転倒や滑落などの事故につながる可能性もあるのです。転・滑落の事故については、「気をつける」「集中する」といった精神論で語られることが多いのですが、もっと骨盤の前傾・後傾や、姿勢や体の使い方が注目されてほしいと考えています。

巻き肩・猫背・骨盤後傾・かかと着地は互いに強い関係があるので、どれかひとつ症状があると他の症状にもつながりやすくなります。また、こうした姿勢の癖は登山時だけでなく、日常生活で定着している可能性が高いので、日頃から姿勢を見直すことが歩き方の改善につながります。

膝痛や大腿四頭筋へ過度な負担がかかる原因は、ひとつとは限りません。原因が複数の場合もあるので、膝痛に悩んでいる方は、まずはこれらの原因をひとつずつクリアにしていきましょう。今は膝痛がない人でも、今回指摘したような姿勢の癖がある場合は、姿勢を矯正することでスピードをうまく抑えて安定した歩行ができるようになりましょう。

まとめ

現代人は背中が丸くなりがち。姿勢と骨盤の癖を直すことが下山時のスピード制御につながります。

第9章

Q ポールを使うとかえってうまく歩けません。どうすればいいでしょうか？

A ポールを使っても姿勢が崩れないように注意して歩きましょう。

「登りより下りが苦手」という声をよく耳にします。たとえば、膝が痛くなる、下山で踏ん張りが利かなくなる、転びやすい、急斜面が怖い、足運びが慎重になって歩行ペースが落ちるなどです。

このように「苦手」な事情はさまざまですが、滑ったり転んだりしやすくなるのは共通します。下山ではスピードが制御しにくく、足への負担も大きくなるのでこの状態に陥りやすいのです。

これに極めて有効な登山装備としてトレッキングポール（以下、ポール）があります。私が登山を始めた20年前は、ポールは今ほどには登山者に普及していませんでした。また、1本のみで使う人が多かったと記憶していますが、今ではダブル（2本）で使う人のほうが多いようです。

シングルかダブルかの違いだけではなく、ポールに対する意識も変化しているように思います。

かつてポールは、体力に自信がない人や高齢者、膝に不安がある人が使用したり、足にトラブルがあったり疲れたりしたときに使用することが多かったと思います。

それが、近年は特に機動力を高めるツールとして、若い人や体力がある人も積極的に使うようになってきました。そのため、登山を始めるにあたって最初に購入する装備のひとつになっています。登山の必需品になったといえるでしょう。

私自身は、もともと必要なときにだけポールを使っていましたが、使い方を真剣に考えるきっかけがありました。それは、数年前に北アルプスの水晶岳で2本のポールを手にフラフラと登ってくる男性に出会ったことです。

疲労も影響していたかもしれませんが、岩だらけの稜線でポールに体を預けきって歩いていて、バランスが維持できていませんでした。年齢は50代後半くらいに見えました。平坦地ならおそらく普通に歩ける人だと思います。

私はその男性の後から登り、途中で追い越して山頂に立ち、先に下山しましたが、あの岩場に限って言うと、歩行ペースには3倍くらいの差があったと思います。

原則として岩場ではポールをザックなどに収納し、手を使って登り下りします。しかし、水晶岳の山頂付近は北アルプスの他の場所と比べて比較的危険性は少ないと言えます。傾斜も緩いため、岩に手をついて歩くためには上半身をかがめる必要がありました。そのため、この人はポ

北アルプス水晶岳にて。
大岩が積み重なった場所で、
岩をつかみながら下る

ールを手にしたまま歩いていたと思われます。

このような大岩が積み重なった場所には、足の置き場はもとより、ポールをうまく突ける場所がなかなかありません。その人は突き場所を探しながら歩いていて、上半身がブレてバランスを崩していました。

水晶岳山頂付近はクライミング経験がなくても、岩場慣れした登山者なら手を使わずにスイスイ歩けます。しかし、岩の上の足場が狭かったり傾いていたりするため、バランス維持力がない人は悪戦苦闘してしまうのです。

ではバランスをうまく保てる人と保てない人の違いは、どこにあるのでしょうか？

それはこれまで解説してきたとおり、支持脚に重心を置いて効率的な重心移動ができているかどうかが鍵となります。さらに、足関節と股関節を柔らかくスムーズに動かせることが、バランスをうまく保つためのコツになります。

あのときは、あれほどバランス維持力の低い人が北アルプスの水晶岳まで登ってきたことに深い問題を感じました。

山頂に岩場があったとしても、そこに至る途中に岩場がなければ、北アルプスの稜線であってもポールを頼って登れてしまいます。この山頂付近の岩場が長く続くような行程だったら、この人は登って来られなかったかもしれません。

また、これは単なる憶測ですが、この男性は日帰り登山でも常にポールを使って歩いているのではないでしょうか。というのも、同年代の登山者のなかでも飛びぬけてバランスが悪いように見えたからです。

ここに、ポールを日常的に使うことのデメリットがあります。あえて厳しい言い方をすると、ポールを使うことで自分の下手な歩行技術を矯正せずに済んだということです。

ポールのメリット、デメリット

確かにポールを使うと楽です。両手にポールを持てば、バランスを崩したり、スリップしたりするリスクが減り、かなり安定して歩けます。

しかし楽をした分だけ、バランスを保持する能力や効率よく重心移動をして歩く方法を、経験しながら学ぶ機会を捨てているのです。

膝が痛くなるからと毎回ポールを補助に使っていたら、いつまでも歩き方はうまくなりません。

ポール使用にはメリットもあれば、デメリットもあるのです。

とはいえ、膝が痛かったり調子が悪いと感じたときにポールを使うことは、間違ってはいません。また、岩場やガレ場でも2本の足でしっかりバランスをとって歩ける人は、安定した歩行技術が身についているので、岩場以外ならどんなにポールを活用しても問題ありません。

私が問題だと思うのは、ポールがないとバランスを保てない登山初心者・初級者が、ポールに頼ることを慢性化させてしまうことです。

登山に必要なバランス維持力を養わないまま、ステップアップしたつもりになった結果は、すでに先ほどのケースで触れました。

ステップアップしたつもりで、北アルプスに登ったという結果は残せるかもしれません。しかし、実際には非常に危なっかしい不安定な歩きのまま、ポールに頼ってどうにか歩き通しただけなのです。

一般論では60歳代でも意識的にトレーニングをすれば、筋力アップは可能です。しかし、年齢だけで線引きはできませんが、一定の年齢を超えると体を鍛えることが難しくなるのも事実です。そのような場合はポールを積極的に利用するとして、岩場のある山は卒業されるのがいいと思います。柔軟性や筋力を向上させるトレーニングを行うことが難しい高齢の方は決して無理をなさらないでください。

ポールを正しく安全に使うポイント

私は水晶岳で出会った人の姿に驚き、それ以来、いろいろな登山者のポールの使い方を観察し、ポールを正しく安全に使う方法を考えるようになりました。

岩場でポールをザックに収納せずに使い続ける登山者を時折見かけます。急斜面や段差が険しい道などで、ポールでうまくバランスがとれずに下っている登山者を見かけることもあります。本来は手を使って安全確保をすべき場面でポールを使ったり、バランスをうまく維持できなかったり、ポールの使い方に問題があると感じました。

バランスを保って安全に下るための使い方や注意点を的確に伝えるにはどうすればいいだろうと、重心や姿勢に着目しながら歩きました。試行錯誤の末に導き出した答えは「ポールを持たないときと同じように姿勢を重要視すること」、そして「ポールを突く位置に注意すること」の2点です。

Check!

ポール使用時の姿勢をチェック

段差が連続する場所でポール（1本でも2本でも可）を持って、2通りの下り方を試してみましょう。1つめはポールを長めに調節して一段下に突いて下る方法で、2つめはポールを短めに調節して支持脚（後ろ足）の横に突いて下る方法です。

ポールを前に突いたときに写真上のように前かがみになると、頭部が前方に出た分、重心が着地足側にずれています。47～48ページでも触れたとおり、姿勢が崩れると支持脚（後ろ足）で体重を支えることが難しく、着地時の衝撃が大きくなってしまいます。つまり、前方にポールを突くということは、支持脚の役割を無視して、着地衝撃をポールで抑えようとしていると言えます。

ポールを前に突くと腕の力で着地時の衝撃を緩和できますが、それと引き換えに、支持脚の力で動きを制御しにくい歩行姿勢になります。

また、常に前かがみでポールを使って歩いていると、この姿勢での足や筋肉、関節の使い方が体に定着してしまいます。すると、いざ岩場でポールを使わずに歩こうとしても、体だけではバランスを保てず、うまく下れません。

下山時のポールの使い方は「長めに調節して前（一段下）に突く」が原則とされてきました。経験豊富な登山者や腕力が強い人なら、姿勢を維持することができるので、この使い方でも姿勢の崩れが起きにくいと言えます。

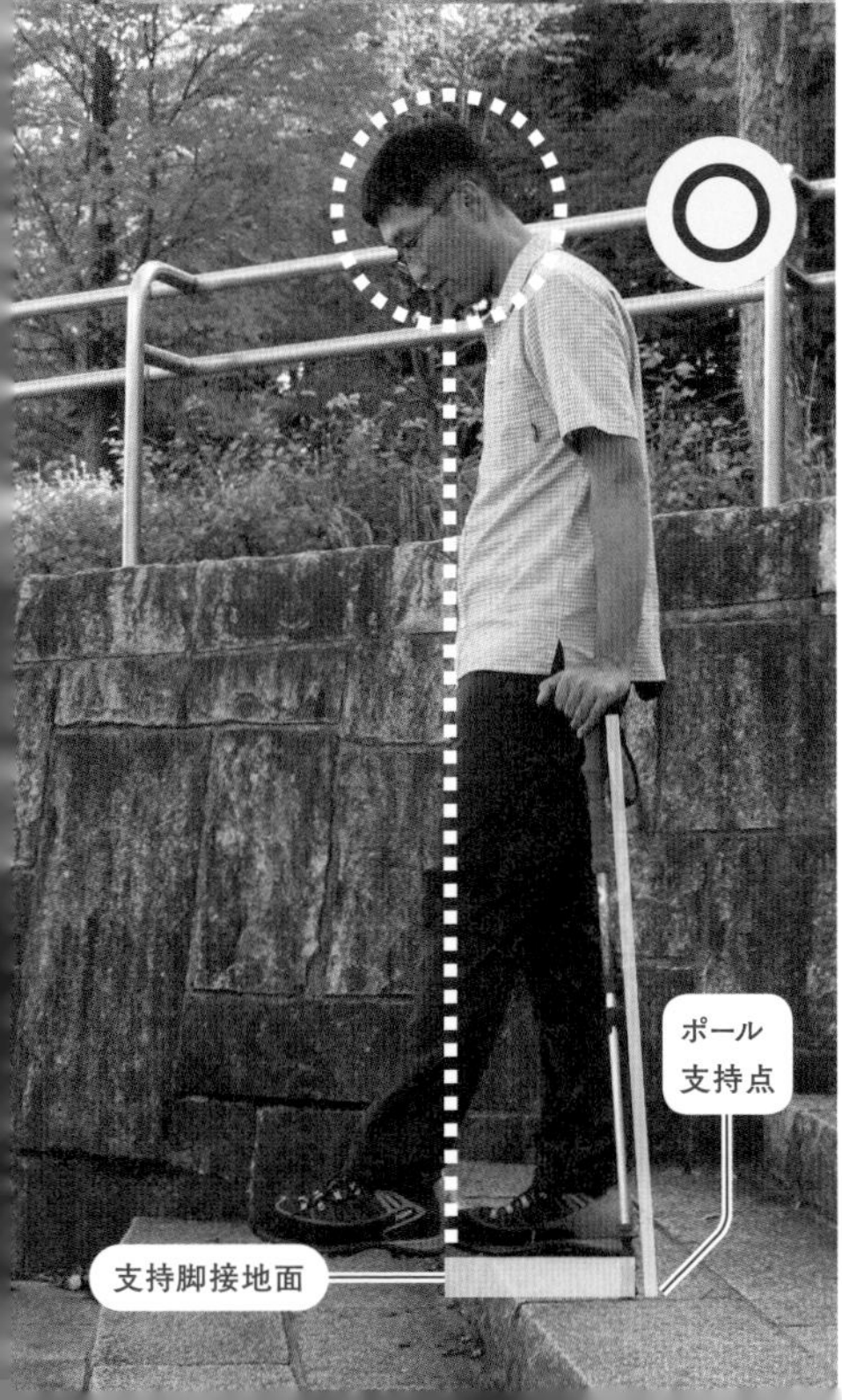

ポールを前に突くと前かがみになりやすく、
重心が支持脚からずれてしまう。
NG／腕を前に出せば自然と前かがみになる（上）、
GOOD／体のすぐ近くに突くと重心は安定する（下）

しかし、体幹や腕の筋力が弱い方や初心者は姿勢が崩れやすく、疲労が蓄積するとなおさら下山時にポールを前に突くのは危険です。

では写真下のように、段差を下る際に支持脚（後ろ足）の近くを突くとどうでしょう？試してみるとわかりますが、ポールを後ろに突くと前かがみにはならず、胸を張った姿勢を維持しやすくなります。また、支持脚の近くにポールを突くことで、支持脚の上に重心がのりやすくなります。

このときにポールのグリップを握るのではなく、グリップ上部を上から包むように持ち、肘がほぼ真っすぐになる程度にポールの長さを短く調整するとポールを持ちやすくなります。このような持ち方はＴ字グリップのポールのほうが適しています。

まずは、滑りやすい急斜面や段差が多い場所などで、ポールを支持脚（後ろ足）のかかと付近に突いてみてください。ポールの突く位置が変わると、着地衝撃が変わることが実感できます。

いずれにしても大切なのは、ポールの使用にかかわらず、同じ姿勢で歩くことです。

正しく転べるように歩く

転倒や滑落は下山中に起きやすいものです。転倒しないで歩くのが理想ですが、絶対に転ばない登山者はいません。ですから、柔道の受け身と同様、安全な転び方を身につけることが重要です。

下山中、尻もちをつくようにして転倒するのは、ザックで背中が守られ、滑落につながりにくいため安全です。しかし前のめりで転倒すると顔や頭部をケガしたり、勢いがついて滑落につながったりします。前かがみは危険な姿勢だと認識してください。

雪山登山では滑落を防ぐために、斜面に対して横や斜めに登り下りをする（トラバースする）際には、山側の手でピッケルを持ちます。また、斜面に正対して下る場合は自分よりもやや後ろ側（山側）にピッケルを刺して歩くのが基本です。

雪山以外でも同様です。ポールを使って下る際は、ポールを前ではなく、体の横かやや後ろに突きます。重心が前方にずれることを防ぎ、前方に転ばない姿勢を維持できます。

斜面に対してジグザクと下る道では、常に山側に重心を置くために、ストラップに手を通さずにポールを1本だけ持ち、状況に応じて左右を持ち替えて、常に山側の手でポールを持ちましょう。そうすることで、万が一バランスを崩しても、谷側ではなく山側に安全に転ぶことができます。

また、平地でのポール・ウォーキングとは異なり、登山では腕を大きく動かすと姿勢が崩れます。登りであっても体幹から肘が離れないよう、脇を締めてポールを使ってください。

無雪期の樹林帯であっても、登山道を外れて落ちると重大事故につながるような急斜面は至るところに存在します。先のようなポイントを押さえてポールを使い、姿勢とバランスを崩さず、安全な歩行を実現してください。

まとめ

ポールに頼りすぎて姿勢が崩れては危険です。姿勢とポールを突く位置を意識しながら、安全な歩行をめざしましょう。

第10章

Q ポールを使いこなすためのコツはありますか？

A うまく使えない人はシングルポールで使い方に慣れるようにしましょう

腰が引けずに姿勢を保てる人は、ポールを前に突いても問題はない

前章で「ポールを使って下る際は、ポールを前に突かずに自分の体の横か、やや後ろに突いて重心が前方にずれることを防ぎ、前方に転ばない姿勢を保てる」と解説しました。ここで断っておきたいのは、ポールを前方（一段下）に突いて下りることやポールを2本使うことが「どんな場合でもNG行為」ではないということです。

たとえば長距離のトレイルランニングのレースではポールを2本持ち、前方（一段下）に突いて下りる選手が多いのですが、山道を駆け下るバランス能力がある人は、ポールを前方に突いても大きく姿勢を崩すことはありません。長時間走る体力がある人は、姿勢を維持する筋力が高いためと考えられます。

一方、下山で尻もちをつくことが多い、段差でドスンと衝撃の大きな着地になりがちな人は、腰が引ける形で姿勢が崩れているために、ポールを前方に突くことによる悪影響を大きく受けます。

ポールを後方に突くと歩行スピードを制御しやすく、安定して下山できますがペースは

遅くなります。反対に、ポールを前方に突くとスムーズに素早く下山できるので、特に下山時にトラブルがない人は前方に突いても何ら問題はありません。

ポールが使いにくい、後ろに突きにくい場合は

「ポールを上手に使いこなせない」という声を時折耳にします。このような人は、ポールを使いながら姿勢や重心にぎこちなさや違和感を感じているものの、具体的な対処法がわからないのではないでしょうか？

バランス能力に自信がなく、下ったりポールを使ったりするのが苦手な人には、シングルポールをおすすめします。歩行時に両手にポールを持つと、足を置く場所とポールを突く場所を同時に見極めねばなりません。慣れていないと躊躇し、ポールがかえって歩行の妨げになりかねません。しかし109ページで説明した方法で使えばシングルポールは扱いが簡単です。足のすぐ近くにポールを突けばよいので目で確認する必要がなく、足の置き場所だけに集中して歩けます。

ところで、まれに「後ろ足のかかと付近にポールを突きづらい」という人がいます。これは「巻き肩」などにより、肩や肩甲骨周辺の筋肉の動きが制限されて硬くなり、うまく動かせないのが原因になっていることがあります。

上半身が硬いと重心をうまく調整しにくくなり、巻き肩は前かがみ姿勢をまねき、後ろ側の支持脚で体重を支えにくくなります。こうしたケースではポールを無理に後方に突く必要はありませんが、後ろに突くことには前かがみを抑制する効果があるので、ポールを後方に突くことを目標に、肩まわりの柔軟性を向上させましょう。

P5で紹介した大胸筋の柔軟性チェック。肩まわりが柔らかいと、上半身が前かがみに崩れにくい

シングルポールを使うと、斜面に正対せず、斜めに下りやすい

シングルポールを使用する歩き方は講習会でも反響が大きく、質問が多い課題です。ここではシングルポールの解説に加え、ポールを使わないときでも注意したい「腰が引けない」歩き方についても解説します。

段差の大きい所を下る際に、横向きになった経験はあると思います。多くの人が無意識にするこの体勢では、なぜ楽に下れるのでしょうか？

下山時は足を踏み出した際に、支持脚の後ろ足で体重を支え続けることで、衝撃を抑えて着地できます。前足が着地した瞬間に体重を支える支持脚が切り替わると、今度は前足が支持脚になるため、素早く重心を前方に移す必要があります。ここで重心が後ろ足側に残ったままだと、スリップを誘発します。

登りに比べると下りのほうが足の動きは速く、重心移動を左右交互に素早くする必要があります。この切り替えがうまくできないと、バランスを崩したりスリップしたりします。

大きな段差では、多くの人は無意識に体を横に向けて下りますが、実はこの体勢こそが、

足を大きく動かして下る場面で重心移動をうまく行うコツなのです。

これについて見てみましょう。

この写真からわかるように、急斜面や大きな段差、滑りやすかったりバランスを崩しやすい場面では、体を斜めや横にする（斜面に正対しない）ことで、安定して歩けます。

そして、その動きを補助するのが、ポールを片手で持つ方法、シングルポールです。後ろ側の足のそばに突いて下ることで、大きな段差では「横向き」にもなりやすいのです。

横向きの場合

身体重心の移動距離が最も短い

山足から谷足への重心移動時に、体全体の水平方向への移動が最小限で済み、最も安定して段差を下れる。

山足のかかとが浮かずに真上から体重を乗せてゆっくり動けるため、ソフトに着地できる。

また着地時に谷足（左足）に真上から荷重がかけられるためスリップしにくい

正面向きの場合

身体重心の移動距離が最も長い

同じ高さの段差のため、
垂直方向への移動距離は変わらない。
水平方向への移動が大きくなる分、
歩行ペースを速くできるが、着地衝撃が大きくなったりスリップしやすくなったりして、重心移動が難しい

斜め向きの場合

身体重心の移動距離が正面向きよりは短い

正面向きよりは水平方向への移動が少なく済み、横向きよりも速く歩ける。

横向き・正面向き両方のメリットが活かせ、段差や急斜面が連続する場面で効果的である

ポールを山側の片手だけで持つ場合

山側にポールがあるので
山側の足に重心を残しやすく、
柔らかい着地ができる。
この持ち方のほうが
「斜め向き」で下りやすいので、
段差や急斜面でも
バランスを崩しにくく、
スリップも防げる

両手にポールを持つ場合

左右のポールが同じ長さのため
「斜め向き」で歩こうとすると
必然的に谷側のポールに
力が入ってしまい、
山側の足に体重を残しにくい

反対に、両手にポールを持つ場合は、左右のポールの長さが同じであることから、斜面に正対して下るのが自然です。ポールを両手に持って斜め向きで下ると、どうしても谷側のポールに力が集中してしまい、山側のポールと足に重心が残りにくいのです。

下山では体が重力によって自然に前方に進むため、適度にブレーキをかけながら、左右に踏み出す足に的確に重心移動をし続ける必要があります。傾斜地でこのような体の使い方をするスポーツはほかにないため、ポール・ウォーキングやスキーなどほかのポールを使うスポーツのように、ポールは必ず2本使う方がよい、とは限らないでしょう。

日本の山でシングルポールをすすめる理由

ポールを両手で使うのに適しているのは、ヨーロッパのトレッキングルートのように傾斜のゆるやかな、滑落の危険性が少ない所です。しかし、日本では低山の樹林帯であっても、滑落したら命にかかわるような所があります。そのため、岩場ではなくても、何かあったときのために片手をあけておくのが理想的です。常に山側に重心を置くことを意識することも重要です。

つまり、日本の登山環境にダブルポールはあまり向いていないのです。日本で登山用ポールが販売されるようになって何十年にもなります。しかし、誤った使い方で前傾姿勢になる問題や、ポールを使用してもバランスが維持できない問題に、明確な答えが今まで提示されてきませんでした。

下山中にポールを使って滑落した登山者が大勢いたと思います。これに対して「ポールに依存するな」などの精神論が語られることはあっても、技術論はありませんでした。ポールの安全な使い方や歩き方が広く知られてほしいと切に願います。

ピッケルを後ろに突いて下りる際は、写真のとおりやや体を斜めに構えたり、斜めにジグザクに進むと下りやすいのですが、これはポールを持って急斜面を下るときも同様です。

傾斜のある場所ではピッケルと同じようにポールを使うというのが、現時点での私の結論です。

ピッケルはポールより短いので、
そもそも前に突けず、必然的に後ろに突く

安全な登山のためのベストな歩き方

私もかつて「ポールに依存しないように」と言っていた時期があるので、その反省も踏まえて、最近は積極的にポールの使い方を指導しています。

膝や腰にトラブルがあってポールを2本使わないと長く歩けない人もいます。

2本でないとバランスが維持しづらいという人もいるでしょう。

その原因は、そもそもの歩き方や姿勢、体の使い方にあります。その対処法を見つけ、具体的な体の使い方を教え、当人が体得できて初めて、ポールに頼らずに歩けるようになります。そうしたときに初めて「ポールに頼らないように」と言うことができます。

一人一人の歩き姿を見て、そんな指導ができるガイドがもっと増えてほしいと思っています（余談ですが、「歩き方指導者講習会」も開催して、正しい歩き方を指導できる人も増やさなければとも感じています）。

私の講習会では実際にポールのさまざまな使い方を試してもらいながら解説します。参加者には納得してもらえるのですが、従来の使用法とは異なる解説なので、理解しにくいこともあるようです。特にダブルポールが原則だと考え、実践している人には、違うポールの使い方には抵抗を感じるでしょうし、すんなり受け入れられないかもしれません。
何より自分の体を使って試してもらうのが一番です。比較的安全な下り斜面で時間にゆとりがあるときに正面向きや斜め向き、またポールの突く位置を変えてみて、一番下りやすい方法を探ってみてください。

まとめ

バランス能力に自信がない人にはシングルポールがおすすめ。日本の登山環境にも合っています。

第11章

Q

気をつけていても腰が引けて、前かがみになってしまいます。どうすればいいでしょうか？

A

かかと重心の癖を見直し、足指の筋力を鍛えましょう下山時は、腰が引けないように歩くのが安全で正しい歩き方です。しかし、いくら気をつけていても、腰が引ける原因が解消されない限り、体勢を変えられません。「姿勢よく歩こう」という意識だけでは、歩き方を修正することはほぼ不可能です。姿勢が崩れるのは、体の使い方の癖が原因になっていることが多いのです。その癖を直し、特定の部位の筋力や柔軟性の不足を解消することでのみ、姿勢を直すことができます。

下山時に腰が引けて前かがみになると着地時の衝撃が大きく、膝痛を招きます。さらに、スリップ転倒やバランスを崩しての転・滑落につながる危険性も増すので、姿勢の矯正に努めるべきです。

なぜ腰が引けてしまうのか?

登りでも下りでも、姿勢が崩れやすいのは、急な斜面や段差のせいで一歩が大きくなる場所です。大きな段差を下る場面を想定して、写真と併せて解説していきます。

段差では、まず支持脚となる後ろ足を使って「しゃがみ動作」を行い、体の位置を下げて一段下の地面に着地足（前足）を伸ばします。このとき、支持脚が大きく動けば着地足が地面により近づくことになり、着地衝撃を低減できます。

登山者が自然に行っているこの「しゃがみ動作」には、大きく分けて２つのパターンがあります。それは①腰がかかと側に下りる「かかとしゃがみ」と、②腰がつま先側に下りる「つま先しゃがみ」です。

しゃがみ動作は人によって違い、腓腹筋の柔軟性と前脛骨筋の筋力が弱い人ほど足関節を使ってはしゃがめず、写真（１２７ページ）のように、体を曲げてしゃがんでしまいます。

かかとしゃがみになる人は、登りのときから足関節をあまり使えておらず、足関節の硬いことが多いです。

また、日常生活でもかかと荷重（かかと重心）での立ち姿勢や歩き方が常態化しているため、足指で踏ん張る力や前脛骨筋が弱い傾向にあります。特に極端なかかと荷重・かかと重心の場合は「浮趾《うきゆび》」などの症状が見られることがあります。このような癖は簡単には直せませんが、日頃からかかと着地をしないように努め、足指を使う機会を増やすことで

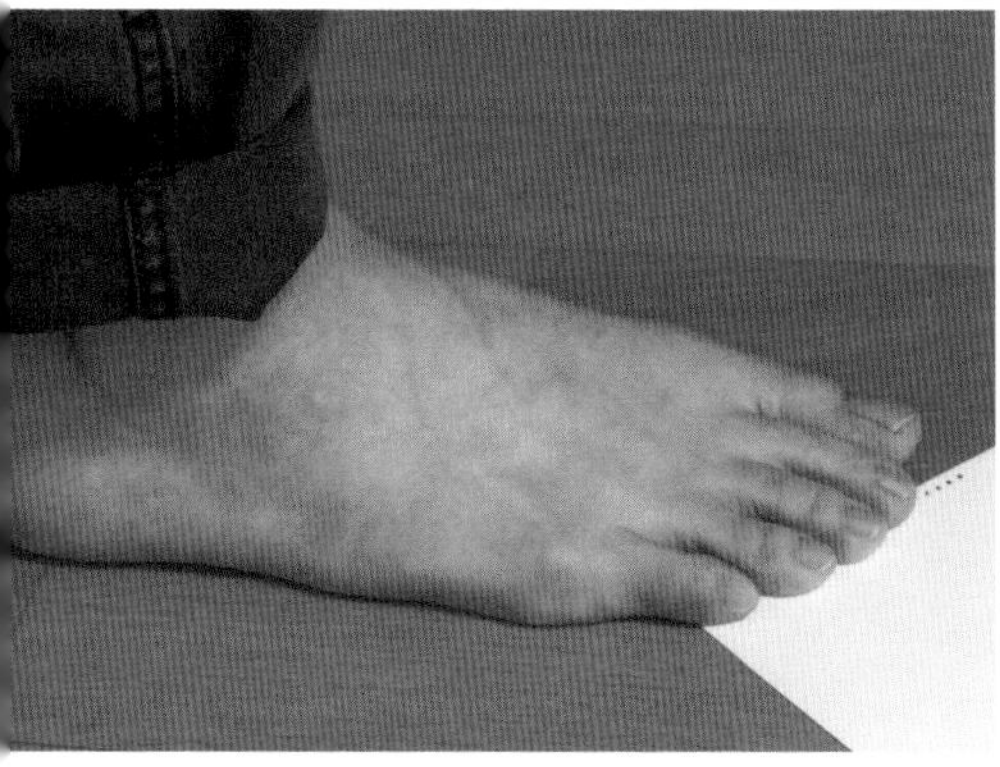

足指が地面から離れる「浮趾（うきゆび）」。指と床（地面）の間に紙が入る隙間ができる

解消をめざしましょう。家の中でもスリッパを履かずに裸足で歩いたり、通勤時には革靴ではなく靴底の柔らかいウォーキングシューズやランニングシューズを履き、足指を使って歩くようにすることで改善が期待できます。

このように姿勢が崩れる人が多い背景には、現代人が日常的に靴を履いて生活するようになり、裸足や下駄・草履で歩く機会がなくなり、足指を使わなくなっているからでしょう。私の講習会でも、「今まで山で足指を使うことに意識を向けたことがなかった」とい

かかとしゃがみとつま先しゃがみの違い

う人が意外に多いものです。

	かかとしゃがみ（左写真）	つま先しゃがみ（右写真）
1. 姿勢の状態	腰が引けた前かがみ	ほぼ直立
2. 足関節の動き	小さい	大きい
3. 前脛骨筋への負荷	小さい	大きい
4. 腓腹筋の柔軟性	必要ない	必要
5. 荷重ポイント	かかと荷重	つま先荷重
6. 足指が踏ん張る力	弱い	強い
特徴	・かかと着地になりやすい ・スリップ転倒しやすい ・前のめり転倒しやすい	・腓腹筋に柔軟性、前脛骨筋に筋力がないと、つま先しゃがみはできない

腰が引けた前かがみ姿勢の対策は？

足指を意識することから始めましょう。普段からランニングをする人は、足指で踏ん張る力を自然に鍛えることができます。ただし、走る際にはかかと着地にならないように注意が必要です。

また、日常生活では足指を使って踏ん張り、つま先側に荷重をかけて立つ習慣をつけることが重要です。たとえば駅やバス停で立っているとき、体重がかかとにのっていませんか？　日常生活の中で「立つ」「歩く」ときにつま先に体重をかけることを意識してみてください。さらに、隙間時間につま先立ちをしたり、足指を動かすことを習慣にするといいでしょう。

こうして、つま先荷重がしやすい状態を日常的につくったうえで、登山中にもつま先側に荷重をかけて、足関節を大きく動かしながら登り下りをする練習を重ねることで、長時間姿勢を崩さずに歩くことができるようになります。

「下山では前かがみのほうがいい」という説もある

歩き方の指導者のなかには、「下山では前かがみで歩くほうがいい」という人もいます。そう教わった人がこの本の解説を読むと、混乱してしまうかもしれません。

確かに、尻もち転倒（スリップ）をしやすい人はかかと荷重であることが多いので、積極的に前かがみになることで、つま先着地・つま先荷重になり、短期的にはスリップを防ぐことができるかもしれません。

しかし、これは衝撃の大きな着地を招く側面があります。膝痛などのトラブルは改善できず、長期的に考えると推奨できません。

前のめり転倒を防ぐためには過剰に前かがみにならないよう、腹筋や背筋など体幹の筋力で姿勢を維持する必要があります。

このような体幹の筋力を備え、バランス感覚に優れた登山者になるには経験と時間が必要でしょう。

初心者の場合、いきなり強力な筋力を獲得することは難しいので、前かがみ姿勢は推奨できません。腰が引けた歩き方になりやすい場合は体の偏った使い方を正し、バランスよく体を使うように心がけてください。

まとめ

腰が引けない姿勢をキープするには日ごろから足指を意識して歩き、指でふんばる筋力を鍛えましょう。

第12章

Q

左右のバランスが崩れがちです。どう対処すればいいですか？

A

山で安定して歩くためには2軸歩行が欠かせません

人間はバランスを維持するために筋力を使っていますが、効率よくバランスを保ったり、うまく体を使ったりすることによって、筋肉への負荷を最小限に留められます。また、このようなコツを実践すればバランスを崩しにくいので、長時間安定した体勢で安全に歩き続けることができます。

体の左右でうまくバランスが取れないと疲労が増大し、転倒にもつながりかねません。そうならないために、ここでは「2軸歩行」を解説します。

「2軸歩行とは？」腰幅を保って足を踏み出す歩き方

左右方向でバランスを崩す状態は、登り下りだけではなく、平坦地でも起こり得ます。特に足場が不安定で、歩幅が大きくなる段差の多い場所では、左右にバランスを崩しやすいのです。その最大の要因は、足を踏み出す位置です。

左足・右足の
距離が近い

腰幅に左右の足を
出して歩く

この図のように、左右の足の着地点が近いと（1軸歩行）上半身は着地点をはみ出しており、左右にバランスを崩しやすい状態です。完全にバランスを崩すと倒れるので、これを回避するためには上半身を内側に傾ける必要があり、そこで余計なエネルギーを使います。また、重心が左右にブレることで、前方へ推進するエネルギーにロスが生じます。足が滑ったりバランスが崩れたりしない平坦な舗装路を歩くときは1軸歩行でかまいませんが、登山には適切ではないと言えるでしょう。

登山で「2軸歩行」が推奨されてきたのはこのためです。

2軸歩行は武術の身体操法に基づいて提唱され、登山の技術でも重要視されるようになりました。武術にしても登山にしても、常にバランスを崩さずに安定して動くことが求められるので、重要な下半身の使い方だと言えます。

2軸歩行を身につけると、足場の悪い岩場・ガレ場でも左右にフラつくことなく安定して歩けます。もちろんテント泊などで荷物が重くても、バランスを崩しやすい雪道でも、同様に有効です。くわえて、アイゼン着用時は靴やスパッツにアイゼンの爪を引っかけることを防げます。転倒や滑落の危険がある場面では極めて実用的な歩行技術なので、ぜひとも身につけてください。

Check!

片足立ちテストでバランスの確認を！

バランスが維持できているかどうかを確認する方法に「片足立ち」があります。全身が映る鏡の前に立って両手を腰に当て、片方の膝を腰の高さまで上げて10秒ほど静止してください。鏡がない場合は、スマートフォンなどで動画を撮影してチェックするとよいでしょう。

このチェックで立ち方の癖に気がつきます。また、２軸歩行がうまくできているかどうか、できていない場合はその理由がわかります。

上の写真のように支持脚が斜めに傾いていないか、左右どちらかで安定が悪くないか、確認しましょう。

片足立ちテストは支持脚に注目

前ページの写真でわかるように支持脚が斜めに傾くと、腰の中心は支持脚の外側に寄ります。腰が外側にはみ出していることから、左右の足の着地点が近い「1軸歩行」になりやすいのです。

ではなぜ、このような動きになるのでしょうか？

2軸歩行がうまくできない理由

考えられる原因は複数あります。体の動きは連動しているので、以下のすべてが当てはまる人もいるでしょう。

1. 着地時に足の小指側（外側）に体重を乗せる癖がある＝親指側（内側）に体重を乗せるのが苦手
2. 下肢の外側の筋肉ばかり使う癖がある＝内側の筋力が弱い
3. 中臀筋（お尻の筋肉）が弱く、うまく使えない

例外もありますが、1軸歩行になる人は、足の外側（小指側）に体重をかける癖や、下

肢の筋肉も外側ばかりを使う癖があるようです。このため、靴底のすり減りが偏ったり、小指側で靴ずれが起きやすかったり、膝も外側が痛んだりと、トラブルが脚の外側で起きやすいのです。また日常生活では中臀筋を使う機会が少ないので、この筋力が弱い人ほど先の片足立ちテストでは腰が左右にブレやすくなります。

自分の歩行の癖に気づく重要性

歩行の癖を自覚するのは簡単ではありません。同じように歩いているように見えても、体重のかけ方、筋肉の使い方は一人一人違います。着地時の体重のかけ方の癖が強い人や、靴底の減り方が極端に偏っている人は、足関節の動きに異常が見られる可能性もあります。体の動きに偏りがある場合は、関節痛などのトラブルが生じやすいものです。必要に応じてスポーツ診療やリハビリを行っている整形外科や整骨院などを受診し、関節の動きや柔軟性を改善するために指導を受けるといいでしょう。体のバランスが整えば、効率よく体を動かすことができます。

体の癖や弱点がケガや障害につながるのは他のスポーツでも同じですが、登山ではそれは時に生死にかかわります。自分の命を守るために最も重要なことは、歩行中の癖や弱点に気づくことだと言えます。

弱点に気づくことで、日常の動作でも登山の際の動作でも、自分の歩き方の癖をよく理解し、修正できるようになります。ストレッチは本や雑誌だけでなく、インターネット上の動画などでも情報を集めることができます。登山中や登山直後などにいろいろなストレッチを試して実際に翌日の疲労感がいつもより少なければ、そのストレッチが効果的だったと判断できます。

身体の硬い箇所、負担が集中する部位は人それぞれです。一人一人の体の特徴は異なるので、最終的には自分専用のストレッチ法を自分自身で考案できるくらいになってほしいと考えています。

自分に合ったストレッチがわかれば、長時間、長期間の登山にも安心して挑めるでしょう。

まとめ

片足立ちで自分の体をチェック。歩行中の癖や弱点に気づくことが、山で自分の命を守ることにつながります。

あとがき

作りたかった「山の歩き方の教科書」

「下りが苦手でペースが落ちる。どうすればペースを落とさずに歩けますか？」

「登りで足がつりそうになる。足がつらないような登り方を教えてほしい」

ガイドとして活動するようになって、参加者から「歩き方」に関して多くの質問や要望を受けてきました。

私は登山を始めたばかりの学生時代、実績のあるガイドに付いて学ぶ機会があり、「歩き方は真似るもの」と教わりました。そのため、長年にわたっていろいろな人の歩き方を真似る機会にも恵まれていました。

しかし、「自分はこうやって歩いています」という主観的なアドバイスなら簡単にできるのですが、具体的に体をどのように動かせば楽に歩けるか、客観的に伝えることが難しいのです。

歩き方を指導する難しさをずっと感じてきました。

私とは体格が異なる人（小柄な女性など）にも役立つアドバイスができているか？

歩き方がうまい人とへたな人では何が違うのだろう？

講習会の参加者からの質問や疑問に、できるだけわかりやすい説明で答えたい。

そこで山の歩き方の記述がある本を多数、読んできました。しかし、「歩幅を小さく」「靴底全面を接地する」「会話できるペースで歩く」「急な斜面はジグザグに歩く」など、ありふれた断片的な情報があるだけでした。姿勢や体の動きなど、歩き方の動作そのものについて詳細に解説された本は見たことがありませんでした。

そこからガイドとしての工夫と研究が始まり、自分で一から教科書と講習内容を作りあげる作業が始まりました。

クライミングやアイゼン歩行などの特殊な動きについては解説本やＤＶＤはありますが、登山の基本である「歩きの動作そのもの」、登ったり下ったりの動きを解説した本やＤＶＤはありません。

これはおそらく、「歩く」という行為は日常生活で誰でもすることなので、【登山に適した歩き方（動き方）がある】点に着目する人がほとんどいなかったからだと思います。

そして、ガイドなどの指導者層も「歩く」という行為を意識的には分析してこなかったのではないでしょうか。

現在でも、書籍やネット上に見られる「山の歩き方」の記事は、客観性・具体性・総合性に欠けていると感じます。

それと比較すると、陸上競技やランニング分野では、理論的な解説情報が多く、とても参考になります。他のスポーツ分野と比べると、明らかに登山界は運動理論が不足しています。

今回このような形で、私が指導してきた歩行技術について一冊の

本にまとめることができました。本書執筆にあたり、木本哲氏の『氷雪テクニック』（ヤマケイ登山学校）の歩行動作の記述を参考にさせていただきました。また小林哲士氏の「治す！山の膝痛 膝の不安を解消する7つの知恵」（山と溪谷社）も参考にしました。そのほか、ネット上のランニング指導やストレッチ・トレーニングの動画などさまざまな情報を参考にさせていただいています。すべてはご紹介できませんが、この場を借りてお礼を申し上げます。

本書の内容を試してわからないことがあれば、ぜひ「山の歩き方講習会」にご参加ください。また、講師として呼んでいただければ、全国どこでも出張します。

また、今後は歩き方指導のできる指導者養成にも力をいれたいと思います。

2020年6月　野中径隆

膝を痛めない、疲れない

Q&Aでわかる 山の快適歩行術

2020年7月31日　初版第1刷発行
2022年8月 1 日　初版第3刷発行

著者　野中径隆
発行人　川崎深雪
発行所　株式会社山と溪谷社
〒101-0051
東京都千代田区神田
神保町1丁目105番地
https://www.yamakei.co.jp/
印刷・製本　株式会社暁印刷

● 乱丁・落丁、及び内容に関するお問合せ先
山と溪谷社自動応答サービス
TEL.03-6744-1900
受付時間／11：00-16：00
（土日、祝日を除く）
メールもご利用ください。
【乱丁・落丁】
service@yamakei.co.jp
【内容】
info@yamakei.co.jp
● 書店・取次様からのご注文先
山と溪谷社受注センター
TEL.048-458-3455
FAX.048-421-0513
● 書店・取次様からのご注文以外のお問合せ先
eigyo@yamakei.co.jp

乱丁・落丁などの不良品は、
送料当社負担でお取り替えいたします。

ISBN 978-4-635-49049-8

本書はヤマケイオンラインにて2019年1月から13回にわたって連載された「理論がわかれば山の歩き方が変わる!」を加筆修正し、編集したものです。

野中径隆

のなか・みちたか／1978年、神奈川県生まれ。個人ガイド事務所「Nature Guide LIS」代表、かながわ山岳ガイド協会所属、日本山岳ガイド協会認定登山ガイド・ステージII。
2019年から2020年にかけてヤマケイオンラインで「理論がわかれば山の歩き方が変わる!」を連載。神奈川県を拠点に、富士山・八ヶ岳・丹沢・日本アルプスなど各地でガイドツアーを開催。「山の歩き方講習会」は首都圏だけでなく、年に数回、岐阜や関西などでも開催している。NHK『にっぽん百名山　富士山』に出演。ガイド活動を始めたきっかけの山である富士山には思い入れが強く、夏は歴史と自然に触れることができる須山口1合目からを中心にガイドを行う。春や秋は山麓の自然散策、冬はスノーハイキングなど一年を通してガイドをしている。

● 写真　近藤ヒロシ
● 本文イラスト　飯山和哉
● 表紙イラスト　宮岡瑞樹(oi-gd-s)
● ブックデザイン　尾崎行欧
宮岡瑞樹
本多亜実(oi-gd-s)
● 校正　與那嶺桂子
● 医事用語監修　小林哲士
● 編集　佐々木 惣(山と溪谷社)
● 編集協力　田中潤二(山と溪谷社)